SENDEROS

Spanish for a Connected World

MW01097115

Assessment Program

VISTA®
HIGHER LEARNING

ISBN: 978-1-68005-346-3

2 3 4 5 6 7 8 9 BB 22 21 20 19 18

Table of Contents

The *Senderos 4* Assessment Program

The *Senderos 4* Assessment Program provides countless options for assessing your students' progress. It consists of Quizzes, Lesson Tests, Multi-lesson Exams, and Optional Testing Sections, including suggestions for oral testing. Whether you prefer to administer Quizzes, Tests, and Exams online or on paper, you will find what you need. You can use the assessments as they are or you can customize them as much as you would like. Associated Answer Keys, audioscripts, and audio (MP3) files are provided.

Minipruebas (Quizzes)

Two **Minipruebas** are provided for every **Contextos** vocabulary strand and for every **Estructura** grammar topic, for a total of eight **Minipruebas** per lesson (48 in total). They consist of three or so sections and are designed to take 10–15 minutes to complete. The version **A** Quizzes are completely auto-graded, and the version **B** Quizzes have a mix of auto-graded and instructor-graded (i.e., open-ended) items. Listening comprehension is not assessed in the **Minipruebas**.

Pruebas (Lesson Tests)

The Lesson Tests offer a highly contextualized and comprehensive evaluation, consisting of discrete-answer as well as open-ended activities that test language proficiency. There are five different tests per lesson, including two pairs of interchangeable tests (30 in total).

Pruebas A and **B** contain open-ended questions requiring students to write sentences and paragraphs, as well as discrete-answer activities. Versions **A** and **B** are interchangeable, for the purposes of administering make-up tests. **Pruebas C** and **D** contain more open-ended questions and are also interchangeable. **Prueba E** tests students' mastery of lesson vocabulary and grammar. This test uses discrete-answer formats, such as matching, multiple-choice, and fill-in-the-blanks. **Prueba E** is completely auto-gradable.

Pruebas A, **B**, **C**, and **D** of the Lesson Tests begin with a listening comprehension section that focuses on the grammar, vocabulary, and theme of the respective lesson. The recordings consist of narrations presented in a variety of formats such as commercials, radio broadcasts, voicemail messages, television broadcasts, and descriptive monologues. The accompanying activities focus on global comprehension and, where appropriate, students' ability to understand key details. In **Pruebas C** and **D**, students must listen to and answer personalized questions designed to incorporate the lesson's theme and vocabulary while prompting students to respond using the new grammar structures. See below for suggestions for administering listening comprehension items.

After the listening section, there are test activities that check students' knowledge of the corresponding lesson's active vocabulary and grammar structures. In **Pruebas A** and **B**, activities combine open-ended questions with discrete-answer items. Formats include, but are not limited to, art-based activities, personalized questions, sentence completion, and cloze paragraphs. In **Pruebas C** and **D**, activity formats are primarily open-ended, and in **Prueba E**, activities consist of discrete-answer items.

 Assessment Program Overview

Pruebas A, B, C, and **D** end with a composition that emphasizes personalized communication and self-expression. Students are asked to generate a brief writing sample using the vocabulary and grammar of the corresponding lesson within a natural, realistic context.

Pruebas A, B, C, and **D** are designed to take about 25–30 minutes. **Prueba E** should take students about 15–20 minutes.

Exámenes (Multi-lesson Exams)

Each **Examen** begins with a listening comprehension section, continues with achievement- and proficiency-oriented vocabulary and grammar checks, and ends with a personalized writing task. These assessments are cumulative and comprehensive, encompassing the main vocabulary, grammar points, and language functions covered in the corresponding lessons.

Multi-lesson exams are provided for Lessons 1–3, 4–6, and 1–6. Each Exam consists of 12 to 14 sections and is designed to take 40–50 minutes to complete. See below for suggestions for administering listening comprehension items.

Optional Testing

Assessing comprehension and mastery of material outside of vocabulary and grammar in *Senderos 4* is at your discretion. The following optional sections are provided for each lesson:

- **Prueba de comprensión de lectura**
- Oral Testing Suggestions

The **Pruebas de comprensión de lectura** test students' reading skills and relate thematically to their corresponding lessons. The readings can be appended to any corresponding test or exam, or they can be used independently to assess reading skills. Each passage is followed by a set of comprehension questions as well as a writing activity that emphasizes presentation, communication, and self-expression.

Oral Testing Suggestions are offered for every lesson of *Senderos 4*. For each lesson, there are three situations which will help you assess students' oral proficiency based on vocabulary and grammar, the **Fotonovela**, or **Literatura** reading themes from the corresponding lesson.

Online or Print—Fully Customizable

You can use the *Senderos 4* Assessment Program as is in online or RTF format, or you can tailor it to meet your needs. While the material in the Quizzes (**Minipruebas**), Lesson Tests (**Pruebas**), and Multi-lesson Exams (**Exámenes**) reflects the content of the corresponding lessons in *Senderos 4*, you may have emphasized certain topics more or less than others with your students. You can modify any assessment so that the content matches what you teach.

RTF files

Rich Text Format, or RTF, is a text file format that is readable by most word processors. Customizing a document in RTF format is no different from working with ".doc" or ".docx" files. You will need to download the file you want to customize, edit its content, and save it.

As with any word processing document, you can edit or delete individual items or entire sections and add as much of your own content as you like. You may want to add illustrations from the Digital Image Bank online. You can later print your customized Quizzes, Tests, or Exams and administer them during class time.

Online

You can also customize the online versions of the Assessment Program. You can change the order of sections, edit them, or delete them. You can add your own instructor-graded sections. Within a section, you can change the order of individual items as well as edit or delete items altogether. You can customize any Quiz, Test, or Exam by changing its name (viewable by you, not your students), the instructions to the student, or any section's default point value. When you have finished customizing an online assessment, you can make it available to students at your discretion.

Get creative online! You can use any activity from *Senderos 4* as an assessment. In other words, during course planning, you might see that you will not be assigning all of the practice activities provided and decide to use them for assessment instead. Furthermore, you can create your own open-ended activities and assign them as assessment items. You may, for example, create a Partner Chat activity online and use the Oral Testing Suggestions provided to carry out an oral test with each of your students during online office hours.

Although assessments can be assigned during Course Setup, you can also control an individual assessment's parameters later on. The flexible parameters include: setting a new due date, changing categories, choosing when to make an assessment available to students, when and how the results will be available to them, a due date and time, a time limit, and password-protecting the assessment.

For details on how to customize online assessments, refer to the *Senderos 4* Help Center and Implementation Guide.

Test Prep

Autoevaluación is a low-stakes diagnostic activity designed to work as preparation for the corresponding vocabulary or grammar Quiz (**Miniprueba**). These Self-checks contain different items that practice the same concepts tested on the Quiz and consist entirely of auto-graded (i.e., discrete) items.

 Assessment Program Overview

Prueba de práctica Self-checks are designed to work as test preparation for the corresponding lesson's **Prueba** and contain different items that practice the same concepts. The **Pruebas** consist of a mix of auto-graded and instructor-graded items, while the **Prueba de práctica** Self-checks are entirely auto-graded to allow for instant student feedback.

Autoevaluación and **Prueba de práctica** Self-checks feature Diagnostic Wheels that show students how they did. The online system encourages them to review the vocabulary and grammar material if necessary. Furthermore, in the **Prueba de práctica**, students are shown how they did in detail through a **Personalized Study Plan** that highlights areas where they need additional support and recommends activities for completion prior to the Lesson Test.

Some Suggestions for Use

Reduce test anxiety. You can alleviate many students' test anxieties by telling them in advance how many points are assigned to each section and what sorts of activities they will see. You might even choose to provide students with a few sample test items. If, for example, you are administering **Prueba A** for a particular lesson, you may want to show students items from **Prueba B**. You might also assign the **Autoevaluación** or **Prueba de práctica** corresponding to the assessment for test preparation purposes.

Administering listening comprehension

Online, remind students to read the questions before they play the audio. It will give them a sense of what to listen for. Also, encourage them to replay the audio as many times as they need.

In class, begin by going over the direction lines with students so that they are comfortable with the instructions and content of what they are about to hear. You might want to give them a moment to look over the items and let them know how many times they will hear the audio. If you read from the audioscripts yourself, it is recommended that you read each selection at least twice at a normal speed, without emphasizing or pausing to isolate specific words or expressions. Whether you play the Audio MP3 files or students take the digital assessments online in their own time, it is also recommended that you or they play each selection at least twice.

The authors and editors of *Senderos 4* hope that the wealth of customizable content in the Assessment Program provides you with the flexibility you need to assemble an effective assessment plan that covers everything from preparation to make-up tests.

CONTEXTOS

Lección 1

Miniprueba A

1 Opuestos Empareja cada palabra de la primera columna con su opuesto de la segunda columna.
(8 x 0.75 pt. each = 6 pts.)

_____ 1. llevarse fatal   a. romper con

_____ 2. adorar   b. permisivo

_____ 3. soltero   c. tranquilo

_____ 4. resistir   d. atraer

_____ 5. proponer matrimonio   e. apreciar

_____ 6. agobiado   f. odiar

_____ 7. autoritario   g. casado

_____ 8. estar harto de   h. llevarse bien

2 Seleccionar Selecciona la palabra que no está relacionada con cada grupo. (5 x 1 pt. each = 5 pts.)

1. a. soportar
   b. coquetear
   c. impresionar
   d. atraer

2. a. sola
   b. tacaña
   c. divorciada
   d. separada

3. a. ansioso
   b. sensato
   c. disgustado
   d. deprimido

4. a. pasarlo mal
   b. estar harto
   c. cuidar
   d. discutir

5. a. cariñoso
   b. falso
   c. mentiroso
   d. inmaduro

3 ¿Lógico o ilógico? Decide si cada oración es **lógica (L)** o **ilógica (I)**. (4 x 1 pt. each = 4 pts.)

_____ 1. Olivia es tímida; para ella es fácil hablar con grupos de personas.

_____ 2. Raúl quiere impresionar a su jefa para ganar un aumento de sueldo.

_____ 3. Si te sientes ansioso, debes hablar con un consejero o un psicólogo.

_____ 4. Martín es viudo; lleva dos años de casado.

4 Completar Completa las oraciones con la(s) palabra(s) correcta(s). (5 x 1 pt. each = 5 pts.)

1. Anita es tan _____ (sensible/orgullosa/segura). Le dije que no se maquillara tanto y se molestó.

2. Eva y su esposo discuten tanto, que él le pidió _____ (una cita a ciegas/el sentimiento/el divorcio).

3. ¡Qué _____ (vergüenza/celos/ánimo) tengo! El profesor me preguntó de dónde era Cristóbal Colón y no supe contestar.

4. El novio de Soraya es muy tacaño. No sé cómo Soraya lo _____ (rompe/deja/soporta).

5. Le dije a Hugo que no saliera con esa chica, pero no me _____ (propuso/hizo caso/soñó).

CONTEXTOS

Lección 1

Miniprueba B

1 Clasificar Escribe cada palabra bajo la categoría apropiada. (6 x 1 pt. each = 6 pts.)

| apreciar | coquetear | compromiso | discutir | impresionar | llevarse fatal |

El matrimonio feliz	La cita	El divorcio
_____	_____	_____
_____	_____	_____

2 Sinónimos y antónimos Escribe el sinónimo o antónimo de cada palabra o expresión.
(8 x 0.75 pt. each = 6 pts.)

Sinónimos

1. pasarlo mal _____
2. amado _____
3. dejar a _____
4. falso _____

Antónimos

5. ansioso _____
6. adorar _____
7. generoso _____
8. estar harto de _____

3 Escribir Tu amigo/a se lleva bien con su padre, quien es gracioso pero un poco inmaduro. Sin embargo, discute casi todos los días con su madre, una mujer tradicional y autoritaria. Tu amigo/a además tiene celos de su hermano, quien se lleva bien con los dos. Escríbele una carta a tu amigo/a para darle cuatro consejos. (2 pts. for grammar + 6 pts. for vocabulary and style = 8 pts.)

_____

_____

_____

_____

_____

_____

_____

_____

_____

ESTRUCTURA 1.1 Lección 1

Miniprueba A

Quizzes

1 Verbos Completa la tabla con la forma correcta de los verbos. (10 x 0.5 pt. each = 5 pts.)

Infinitivo	yo	tú	nosotras	ellos
elegir	(1)	(2)	elegimos	eligen
parecer	(3)	pareces	(4)	parecen
educar	educo	(5)	educamos	(6)
oír	(7)	(8)	oímos	oyen
cerrar	cierro	cierras	(9)	(10)

2 Completar Completa las oraciones con la forma correcta del presente del verbo apropiado.
(6 x 1 pt. each = 6 pts.)

1. Eduardo _____ ir al concierto con nosotros. (hacer/poder)

2. Alfonso y yo _____ al baloncesto por las tardes. (dar/jugar)

3. Unos carpinteros _____ una casa en mi barrio. (construir/crecer)

4. Yo _____ entre la gente segura y la gente orgullosa. (distinguir/olvidar)

5. Tú _____ a clases de francés. (valer/asistir)

6. Ustedes _____ a mi casa a las ocho, ¿no? (venir/oponer)

3 Conversaciones Completa estas conversaciones con las formas apropiadas del presente de los verbos de la lista. No necesitas uno de los verbos. (5 x 1 pt. each = 5 pts.)

conducir	ser
mantenerse	soñar
seguir	traer

1. —Perdón, señora. Mi amiga y yo no _____ de esta ciudad. ¿Nos puede decir dónde hay un banco?

    —Claro. Si ustedes _____ esta calle, a la derecha hay uno.

2. —De los amigos de su niñez, ¿con quiénes _____ en contacto?

    —Hablo con Juan José solamente.

3. —¿Qué carro _____ Pablo?

    —Ni idea. Pero (él) _____ con tener un todo terreno (*all-terrain vehicle*).

4 Oraciones Forma oraciones completas con los elementos dados. Usa el presente y haz todos los cambios necesarios. (4 x 1 pt. each = 4 pts.)

1. tú / dar / una fiesta / y / invitar a / todo / tus amigos

    _____

2. ¿caber / todo / tus libros / en esa mochila?

    _____

3. yo / saber / que / Fernando y Alejandra / decir / mentiras

    _____

4. si usted / no obedecer / la ley, / mis padres y yo / ir / a la policía

    _____

ESTRUCTURA 1.1   Lección 1

Miniprueba B

1 Completar Completa las oraciones con la forma correcta del presente del verbo apropiado.
(6 x 1 pt. Each = 6 pts.)

1. Tú _____ a clases de francés. (valer/asistir)

2. Yo _____ entre la gente segura y la gente orgullosa. (distinguir/olvidar)

3. Ustedes _____ a mi casa a las ocho, ¿no? (venir/oponer)

4. Alfonso y yo _____ al baloncesto por las tardes. (dar/jugar)

5. Eduardo _____ ir al concierto con nosotros. (hacer/poder)

6. Unos carpinteros _____ una casa en mi barrio. (construir/crecer)

2 Oraciones Combina elementos de las columnas para formar oraciones completas. Usa el presente.
(6 x 1 pt. each = 6 pts.)

mis amigos/as	estar	viajar
yo	jugar	estadio
el viudo	sentirse	solo/a
tú	buscar	pareja
ustedes	compartir	emocionado/a
mi novio/a y yo	soñar	Maribel
usted	ir	¿?
	conocer	

1. _____

2. _____

3. _____

4. _____

5. _____

6. _____

3 Escribir Describe a tu pariente favorito/a. Incluye respuestas a estas preguntas: ¿Cómo es él/ella?
¿Dónde vive? ¿Trabaja o estudia? ¿Desde cuándo lo/la conoces? ¿Cómo es la relación entre ustedes?
¿Se lo pasan bien cuando están juntos/as? (4 pts. for grammar + 4 pts. for style and creativity = 8 pts.)

_____

_____

_____

_____

ESTRUCTURA 1.2

Lección 1

Miniprueba A

1 Emparejar Empareja las frases de la columna A con las de la columna B para formar oraciones lógicas. (6 x 1 pt. each = 6 pts.)

A	B
_____ 1. La escuela está	a. muy guapas hoy.
_____ 2. Las niñas están	b. cerrada.
_____ 3. El partido es	c. el sábado.
_____ 4. Mi familia y yo somos	d. un poco nublado.
_____ 5. Estos melocotones están	e. de Guayaquil.
_____ 6. Hoy está	f. verdes.

2 Escoger Selecciona el verbo adecuado para completar las oraciones. (5 x 1 pt. each = 5 pts.)

1. Las mochilas _____ detrás de las sillas.

   a. son   b. están

2. Tengo un gorro que _____ de lana negra.

   a. es   b. está

3. Me parece que esa planta ya _____ muerta.

   a. es   b. está

4. Mi vecina _____ psicóloga.

   a. es   b. está

5. La fiesta _____ en casa de Enrique.

   a. es   b. está

Nombre _____ Fecha _____

3 Completar Javier habla de sus planes. Completa lo que dice con el presente de los verbos **ser** y **estar**. (12 x 0.75 pt. each = 9 pts.)

Mi novia y yo ya (1) _____ listos para nuestro viaje a Punta Cana. Nuestras maletas

(2) _____ hechas y sólo (3) _____ esperando el taxi para ir al aeropuerto.

En Internet dicen que el clima de la República Dominicana (4) _____ caluroso y

especialmente en esta época (*time*) del año el sol (5) _____ muy fuerte. Por eso, llevo

ropa ligera (*light*), pero también mucho protector solar.

No conozco Punta Cana, pero sé que (6) _____ al este de la isla. El hotel donde voy

a quedarme se llama el Gran Caribe; (7) _____ un hotel de cuatro estrellas y

(8) _____ sobre una playa muy famosa. Las playas de Punta Cana

(9) _____ de arena (*sand*) blanca y el mar (10) _____ perfecto para

bucear. No sé bucear, pero (11) _____ un hombre vivo y

(12) _____ seguro que lo puedo aprender rápidamente.

Quizzes

ESTRUCTURA 1.2   Lección 1

Miniprueba B

1 Completar Completa las oraciones con la forma correcta de **ser** o **estar**. (6 x 1 pt. each = 6 pts.)

1. Mi vecina _____ psicóloga.

2. Esas telenovelas _____ aburridas.

3. Tengo un gorro que _____ de lana negra.

4. La fiesta _____ en casa de Enrique.

5. Las mochilas _____ detrás de las sillas.

6. Me parece que esa planta ya _____ muerta.

2 Frases Completa las frases de manera lógica, usando el presente de **ser** o **estar**. (5 x 1 pt. each = 5 pts.)

1. Ahora mismo yo…

_____

2. Mi próximo examen…

_____

3. Hoy mi mejor amigo/a…

_____

4. Mi tienda favorita…

_____

5. Mis padres siempre…

_____

3 Escribir Piensa en una persona famosa y escribe una descripción de él/ella, usando el presente de **ser** y **estar**. Debes usar cada verbo por lo menos cinco veces. (5 pts. for grammar + 4 pts. for style and creativity = 9 pts.)

_____

_____

_____

_____

_____

_____

_____

ESTRUCTURA 1.3   Lección 1

Miniprueba A

1 Gerundios Escribe el gerundio (*present participle*) de cada verbo. (5 x 1 pt. each = 5 pts.)

1. coquetear _____

2. romper _____

3. poder _____

4. mentir _____

5. hacer _____

2 El mensaje Ernesto está en Suramérica, realizando unos estudios lingüísticos. Completa este mensaje que le escribió a su amigo. Usa el presente progresivo. El primer verbo se da como ejemplo. (6 x 1 pt. each = 6 pts.)

Hola, Francisco:

Te _____estoy escribiendo_____ (estar, escribir) desde las playas hermosas de Cartagena, Colombia, donde unos compañeros y yo (1) _____ (estar, disfrutar) de unos días de descanso. Te cuento que yo (2) _____ (ir, conocer) cada día más expresiones de la costa atlántica de Colombia. Mis compañeros (3) _____ (venir, insistir) en que publiquemos un diccionario de expresiones suramericanas, pero la editorial (*publishing house*) (4) _____ (andar, decir) que habría que incluir más regiones de Latinoamérica.

Bueno, y tú, ¿(5) _____ (seguir, construir) casas en Miami? Si tú y tu esposa (6) _____ (estar, pensar) viajar en agosto, deben venir a visitarme.

Un fuerte abrazo,
Ernesto

3 Oraciones Forma oraciones completas con los elementos dados. Usa el presente progresivo y haz todos los cambios necesarios. (4 x 1 pt. each = 4 pts.)

1. tú y yo / venir / discutir / desde / el año pasado

   _____

2. mis padres / seguir / soñar / tener / una casa / cerca / playa

   _____

3. la niña / andar / caerse / porque / estar / aprender / caminar

   _____

4. yo / llevar / soportar / mi jefe / muchos años

   _____

4 Completar Completa estas oraciones utilizando los verbos de la lista. Usa **estar** + el gerundio. No necesitas todos los verbos. (5 x 1 pt. each = 5 pts.)

correr	dormir	escuchar	pedir	proponer	reírse	ver

1. Hernán le _____ matrimonio a su novia en el restaurante "Galicia". ¡Qué romántico!

2. —¿Qué hacen ustedes?
   —_____ una pizza. ¿Tienes hambre?

3. ¡SSSSSHHHHH! Los niños _____.

4. —¿Por qué _____ tanto, Julio?
   —Ah… je, je… es que (yo) _____ este programa de radio, *A lo loco*. Es muy cómico.

 Lección 1   Estructura 1.3   Miniprueba A

Quizzes

ESTRUCTURA 1.3   Lección 1

Miniprueba B

1 El mensaje Ernesto está en Suramérica, realizando unos estudios lingüísticos. Completa este mensaje que le escribió a su amigo. Usa el presente progresivo. El primer verbo se da como ejemplo. (6 x 1 pt. each = 6 pts.)

conocer	escribir
construir	insistir
decir	pensar
disfrutar	

Hola, Francisco:

Te ____estoy escribiendo____ (estar, ¿?) desde las playas hermosas de Cartagena, Colombia, donde unos compañeros y yo (1) _____ (estar, ¿?) de unos días de descanso. Te cuento que yo (2) _____ (ir, ¿?) cada día más expresiones de la costa atlántica de Colombia. Mis compañeros (3) _____ (venir, ¿?) en que publiquemos un diccionario de expresiones suramericanas, pero la editorial (*publishing house*) (4) _____ (andar, ¿?) que habría que incluir más regiones de Latinoamérica.

Bueno, y tú, ¿(5) _____ (seguir, ¿?) casas en Miami? Si tú y tu esposa (6) _____ (estar, ¿?) viajar en agosto, deben venir a visitarme.

Un fuerte abrazo,
Ernesto

2 Combinar Combina elementos de las columnas para formar oraciones completas. Usa el presente progresivo de los verbos. (6 x 1 pt. each = 6 pts.)

nosotras	venir	caerse	¿?
los niños	andar	dormir	
tú	ir	aprender	
ustedes	estar	soñar	
Lupe	llevar	discutir	
yo	seguir	caminar	

1. _____

2. _____

3. _____

4. _____

5. _____

3 Escribir Imagina que tú y tu familia están de vacaciones en una playa del Caribe. Escríbele un mensaje a un(a) amigo/a, usando el presente progresivo y otros verbos con el gerundio. Puedes usar el mensaje de la Actividad 1 como ejemplo. ¡Sé creativo/a! (4 pts. for grammar + 4 pts. for style and creativity = 8 pts.)

_____

_____

_____

_____

_____

_____

_____

_____

Quizzes

CONTEXTOS

Lección 2

Miniprueba A

1 Clasificar Escribe cada palabra bajo la categoría apropiada. (6 x 0.5 pt. each = 3 pts.)

| empate | dardos | función | reunirse | taquilla | vencer |

La música y el teatro	Las diversiones	Los deportes
_____	_____	_____
_____	_____	_____

2 Seleccionar Selecciona la palabra o expresión que no está relacionada con cada grupo.
(5 x 1 pt. each = 5 pts.)

1. a. parque de atracciones
   b. discoteca
   c. videojuego
   d. zoológico

2. a. desafiar
   b. gustar
   c. entretenerse
   d. disfrutar

3. a. vencer
   b. perder
   c. ganar
   d. hacer cola

4. a. músico
   b. poner un disco compacto
   c. álbum
   d. ajedrez

5. a. campeonato
   b. billar
   c. espectador
   d. aficionado

3 ¿Cierto o falso? Decide si cada oración es **cierta (C)** o **falsa (F)**. (5 x 1 pt. each = 5 pts.)

_____ 1. El escenario es la parte del teatro donde hay asientos para el público.

_____ 2. En un circo los animales forman parte del espectáculo.

_____ 3. El boliche es un juego de mesa.

_____ 4. El árbitro es la persona que entrena a los jugadores del equipo.

_____ 5. Un estreno es cuando se presenta una película u obra de teatro por primera vez.

4 Sinónimos Escribe el sinónimo de cada palabra. (7 x 1 pt. each = 7 pts.)

1. celebrar _____

2. las cartas _____

3. los boletos _____

4. los ratos libres _____

5. el grupo musical _____

6. divertido _____

7. marcar _____

CONTEXTOS   Lección 2

Miniprueba B

1 Completar Completa cada oración con una palabra apropiada. (5 x 1 pt. each = 5 pts.)

1. El _____ es un juego de mesa.

2. Un _____ es cuando se presenta una película u obra de teatro por primera vez.

3. El _____ es la persona que controla un partido o juego.

4. En un _____ los animales forman parte del espectáculo.

5. Un _____ es una serie de partidos entre varios equipos.

2 Definir Escribe definiciones para estas palabras. (5 x 1 pt. each = 5 pts.)

1. el pasatiempo

_____

2. la taquilla

_____

3. vencer

_____

4. el empate

_____

5. hacer cola

_____

Nombre _____ Fecha _____

3 Preguntas Contesta las preguntas con oraciones completas. (5 x 1 pt. each = 5 pts.)

1. ¿Qué juegos de mesa te gustan? ¿Cuáles te aburren?

   _____

2. ¿Cómo festejaste tu cumpleaños el año pasado?

   _____

3. ¿Dónde se puede dar un paseo en tu comunidad?

   _____

4. ¿Cómo se entretienen tú y tus amigos los fines de semana?

   _____

5. ¿Qué te gusta más, ser espectador(a) de un deporte o ser deportista? ¿Por qué?

   _____

4 Escribir Describe el último concierto u obra de teatro que viste. Usa como mínimo cinco palabras de la lista. (2 pts. for grammar + 3 pts. for vocabulary and style = 5 pts.)

aplaudir	asiento	cantante	entradas	escenario	espectáculo	hacer cola	taquilla

_____

_____

_____

_____

_____

_____

_____

_____

_____

_____

_____

ESTRUCTURA 2.1   Lección 2

Miniprueba A

1 Escoger Selecciona las palabras adecuadas para completar las mini-conversaciones.
(6 x 1 pt. each = 6 pts.)

1. —¿Ya sabes lo que _____ vas a regalar a tus tíos?

   —No, no tengo idea.

   a. los   b. les   c. las   d. me

2. —Vamos a la piscina ahora. ¿Quieres venir?

   —No puedo ir _____. No sé nadar.

   a. consigo   b. la   c. con ustedes   d. les

3. —¿Te gustan esos cuadernos?

   —Sí. Pienso _____.

   a. comprarlas   b. comprar   c. comprarlos   d. comprarme

4. —¿Qué vas a hacer con esas fotos?

   — _____ las voy a mandar a mis primos en Colombia.

   a. Le   b. Me   c. Les   d. Se

5. —¿Por qué dices que María es egoísta (*selfish*)?

   —Porque compró cinco camisetas y se las regaló a _____. ¡Ni una para su familia!

   a. sí misma   b. mí   c. ella   d. sí mismo

6. —Todos, salvo _____ y _____, sacaron malas notas en el examen.

   —Claro. A _____ no nos molesta pasar horas y horas estudiando.

   a. ti; mí; nosotras   b. tú; yo; nosotras   c. él; ella; ellos   d. usted; ella; ustedes

2 Oraciones Escribe estas oraciones de nuevo, usando pronombres de complemento directo e indirecto. (5 x 1 pt. each = 5 pts.)

1. Me van a traer un videojuego.

   _____

2. Le estoy mostrando las cartas.

   _____

3. Les dimos un juego de mesa.

   _____

4. Nos va a servir una sopa deliciosa.

   _____

5. ¿Te vendieron las entradas?

   _____

3 Preguntas Contesta estas preguntas afirmativamente. Usa pronombres de complemento directo e indirecto. (5 x 1 pt. each = 5 pts.)

1. ¿Ellos nos pueden recomendar una discoteca?

   _____

2. ¿Les exigen los informes a ustedes?

   _____

3. ¿Tienen que traerte una almohada?

   _____

4. ¿Me estás prohibiendo ir al concierto?

   _____

5. ¿Les haces esos sándwiches a tus hermanos?

   _____

Quizzes

4 Conversaciones Completa estas conversaciones con las palabras apropiadas. (4 x 1 pt. each = 4 pts.)

1. —Allí está Marta. Vamos a decirle que su novio viene de visita mañana.

   —¡No _____ digas! Es una sorpresa.

2. —¿Estas composiciones son para mí?

   —Sí, profesora, son para _____.

3. —Según _____, las matemáticas son fáciles, ¿verdad, Lucía?

   —¿Qué? ¡Yo nunca dije eso!

4. —¿Qué haces, Diego?

   —Estoy _____ un abrigo porque voy a salir.

ESTRUCTURA 2.1

Miniprueba B

1 Completar Completa las mini-conversaciones utilizando las palabras de la lista. (8 x 0.75 pt. each = 6 pts.)

comprarlos	se
con ustedes	sí misma
les	tú
nosotras	yo

1. —¿Te gustan esos cuadernos?

   —Sí. Pienso _____.

2. —Vamos a la piscina ahora. ¿Quieres venir?

   —No puedo ir _____. No sé nadar.

3. —Todos, salvo _____ y _____, sacaron malas

   notas en el examen.

   —Claro. A _____ no nos molesta pasar horas y horas estudiando.

4. —¿Por qué dices que María es egoísta (*selfish*)?

   —Porque compró cinco camisetas y se las regaló a _____. ¡Ni una para su familia!

5. —¿Qué vas a hacer con esas fotos?

   — _____ las voy a mandar a mis primos en Colombia.

6. —¿Ya sabes lo que _____ vas a regalar a tus tíos?

   —No, no tengo idea.

Quizzes

2 Preguntas Contesta las preguntas con oraciones completas. Usa pronombres de complemento directo e indirecto si es posible. (4 x 1 pt. each = 4 pts.)

1. ¿Quién te enseña el español? ¿Quiénes estudian contigo?

_____

2. ¿Le das consejos a tu mejor amigo/a? ¿Él/Ella te hace caso?

_____

3. ¿Quién te va a preparar la cena hoy? ¿Quién tiene que lavar los platos?

_____

4. ¿Les compras regalos a tus padres? ¿Cuándo?

_____

3 Escribir Imagina que tienes la oportunidad de entrevistar a un(a) cantante famoso/a. Escribe el diálogo de la entrevista, incluyendo cinco preguntas y cinco respuestas. Utiliza pronombres de complemento directo e indirecto y pronombres con preposiciones.
(5 pts. for grammar + 5 pts. for style and creativity = 10 pts.)

_____

_____

_____

_____

_____

_____

_____

_____

_____

_____

_____

_____

_____

_____

_____

_____

ESTRUCTURA 2.2   Lección 2

Miniprueba A

1 Escoger Selecciona la repuesta más lógica. (5 x 1 pt. each = 5 pts.)

1. Las chicas no quieren salir con su primo.
   a. Les aburre quedarse en casa.
   b. Les interesa hablar con él.
   c. Les cae mal.

2. La señora Rodríguez quiere apagar la televisión.
   a. Le disgustan los programas violentos.
   b. Le queda una hora para acostarse.
   c. Le encantan las telenovelas.

3. Estudio para ser médico.
   a. Me molesta poner inyecciones.
   b. Me disgusta la sangre.
   c. Me importa ayudar a la gente.

4. Tienes que tomar diez cursos más.
   a. Te hace falta la escuela.
   b. Te faltan dos años para graduarte.
   c. Te duele estudiar tanto.

5. Rubén y yo miramos un documental sobre el reciclaje.
   a. No nos duelen los ojos.
   b. Nos preocupa el medioambiente.
   c. Nos fascina la contaminación.

2 Completar Completa las oraciones con la forma correcta del verbo indicado. Debes incluir el pronombre de complemento indirecto. (5 x 1 pt. each = 5 pts.)

1. A nosotras _____ las discotecas. (aburrir)

2. A Fernanda y a Mateo _____ el zoológico. (gustar)

3. A ustedes _____ caminar en la playa. (hacer falta)

4. Al señor Jaramillo _____ las nuevas leyes. (sorprender)

5. A mí _____ ir a conciertos y escuchar música. (encantar)

3 Oraciones Forma oraciones completas con los elementos dados. Utiliza el presente y haz todos los cambios necesarios. (5 x 1 pt. each = 5 pts.)

1. (ustedes) / doler / manos

   _____

2. (tú) / preocupar / la educación / de / tu / hijas / ¿no?

   _____

3. (mi hermano y yo) / no gustar / el pescado / con limón

   _____

4. (Óscar) / quedar / dos boletos / para / circo

   _____

5. ¿por qué (Verónica y su familia) / aburrir / la feria?

   _____

4 Completar Claudia habla de un concierto. Completa lo que dice con las formas correctas de los verbos de la lista. Cada verbo se usa una sola vez. (5 x 1 pt. each = 5 pts.)

doler	molestar
fascinar	quedar
interesar	

Esta noche mis amigas y yo vamos a un concierto de Carlos Santana porque (a nosotras)

(1) _____ la música rock. Yo me voy a poner un vestido nuevo y unos

zapatos cómodos que (2) _____ muy bien. Después de tantas horas de

hacer cola y bailar, (a mí) siempre (3) _____ los pies. A mi amiga

Liliana (4) _____ estar lejos del escenario, pero a mí lo que

(5) _____ es escuchar la música.

ESTRUCTURA 2.2   Lección 2

Miniprueba B

1 Oraciones Para cada descripción, escribe una oración usando el verbo entre paréntesis.
(4 x 1 pt. each = 4 pts.)

> **modelo**
>
> La señora Rodríguez quiere apagar la televisión. (no gustar/programas violentos)
> **A la señora Rodríguez no le gustan los programas violentos.**

1. Estudio para ser médico. (importar/ayudar a la gente)

   _____

2. Rubén y yo miramos un documental sobre el reciclaje. (preocupar/medioambiente)

   _____

3. Tienes que tomar diez cursos más. (quedar/dos años para graduarse)

   _____

4. Las chicas no quieren salir con su primo. (no caer bien/su primo)

   _____

2 Combinar Forma oraciones completas con los elementos dados. (5 x 1 pt. each = 5 pts.)

tú	aburrir	jugar al ajedrez
ustedes	encantar	los conciertos de rock
Ángel y Nuria	hacer falta	el equipo de esta ciudad
el árbitro	interesar	los videojuegos
nosotros	quedar	¿?

1. _____
2. _____
3. _____
4. _____
5. _____

3 Tu ciudad Escribe dos oraciones para describir lo que te fascina de tu ciudad, una para describir lo que te molesta y otra para decir lo que te preocupa. Luego escribe algo que le falta a tu ciudad. (5 x 1 pt. each = 5 pts.)

(fascinar)

1. _____

2. _____

(molestar)

3. _____

(preocupar)

4. _____

(faltar)

5. _____

4 Escribir Escoge a una persona de tu familia y escribe seis oraciones para describir lo que le gusta y no le gusta, utilizando verbos como **gustar**. (3 pts. for grammar + 3 pts. for style and creativity = 6 pts.)

_____

_____

_____

_____

_____

_____

_____

_____

_____

_____

_____

_____

_____

_____

_____

_____

_____

 Lección 2 Estructura 2.2 Miniprueba B

ESTRUCTURA 2.3   Lección 2

Miniprueba A

1 ¿Reflexivo o no? Selecciona el verbo adecuado para completar las oraciones. (5 x 1 pt. each = 5 pts.)

1. Ángela _____ cuando va a casa de su tía.

   a. aburre   b. se aburre

2. Si no _____ de la dirección, puedes buscarla en Internet.

   a. acuerdas   b. te acuerdas

3. Mi hermana _____ a las once todas las noches.

   a. se duerme   b. duerme

4. Voy a _____ los vasos de la mesa.

   a. quitar   b. quitarme

5. Mis compañeros _____ estar muy contentos hoy.

   a. parecen   b. se parecen

2 Completar Completa las oraciones con la forma correcta del verbo indicado. (5 x 1 pt. each = 5 pts.)

1. Tú siempre _____ del calor en el verano. (quejarse)

2. Yo no _____ de nada. (arrepentirse)

3. ¿Ustedes quieren _____ con ropa elegante? (vestirse)

4. Después de ducharnos, nosotros _____. (secarse)

5. Santiago _____ del tráfico de esta ciudad. (sorprenderse)

3 Oraciones Forma oraciones completas con los elementos dados. Haz todos los cambios necesarios.
(4 x 1 pt. each = 4 pts.)

1. usted / acercarse / la ventana

   _____

2. mis padres / acostarse / las diez y media

   _____

3. tú / cepillarse / los dientes / dos veces / al día

   _____

4. mi hermano y yo / nunca / olvidarse / cerrar la puerta

   _____

4 Compañeras Carmen te habla de un problema que tiene con su compañera de apartamento.
Completa el párrafo con las formas correctas de los verbos apropiados. (6 x 1 pt. each = 6 pts.)

Tengo un problema con Mónica, mi compañera de apartamento. Nosotras

(1) _____ (preocuparse/mudarse) mucho por la imagen de nuestro apartamento,

pero al final de cada semestre Mónica (2) _____ (enterarse/volverse) muy

desordenada. Ella dice que sufre mucho estrés por los exámenes. Por ejemplo, después del trabajo, ella y

sus amigos vienen a la casa, (3) _____ (ponerse/ quitarse) los abrigos y los zapatos

y los dejan por toda la sala. Yo no (4) _____ (atreverse/arrepentirse) a decirle

nada a Mónica cuando está con sus amigos. ¿Qué crees tú? ¿Crees que simplemente ella no

(5) _____ (darse cuenta/morirse) de lo que hace? Y tú,

¿(6) _____ (hacerse/fijarse) en lo que hacen tus amigos?

ESTRUCTURA 2.3   Lección 2

Miniprueba B

1 Compañeras Carmen te habla de un problema que tiene con su compañera de apartamento.
Completa el párrafo con las formas correctas de los verbos de la lista. Los verbos se usan una sola vez.
(6 x 1 pt. each = 6 pts.)

atreverse	preocuparse
darse cuenta	quitarse
fijarse	volverse

Tengo un problema con Mónica, mi compañera de apartamento. Nosotras

(1) _____ mucho por la imagen de nuestro apartamento, pero al final de cada

semestre Mónica (2) _____ muy desordenada. Ella dice que sufre mucho estrés

por los exámenes. Por ejemplo, después de las clases, ella y sus amigos vienen a la casa,

(3) _____ los abrigos y los zapatos y los dejan por toda la sala. Yo no

(4) _____ a decirle nada a Mónica cuando está con sus amigos. ¿Qué crees tú?

¿Crees que simplemente ella no (5) _____ de lo que hace? Y tú,

(6) _____ en lo que hacen tus amigos?

2 Frases Completa las frases de manera lógica. (6 x 1 pt. each = 6 pts.)

1. Mis amigos/as siempre (quejarse) de...

   _____

2. No puedo (acostarse) sin...

   _____

3. Todos los días mi padre (olvidarse) de...

   _____

4. A veces mi hermano/a y yo (pelearse) porque...

   _____

5. Mi mejor amigo/a no (atreverse) a...

   _____

6. Si mis padres (enterarse) de..., yo...

   _____

Quizzes

3 Escribir Describe lo que haces un típico lunes por la mañana. Usa como mínimo seis verbos reflexivos.
(4 pts. for grammar + 4 pts. for style and creativity = 8 pts.)

_____

_____

_____

_____

_____

_____

_____

_____

_____

_____

_____

_____

| 30 | **Lección 2   Estructura 2.3**   Miniprueba B

CONTEXTOS   Lección 3

Miniprueba A

1 Escoger Escoge la palabra o expresión que no está relacionada con cada grupo. (6 x 0.5 pt. each = 3 pts.)

1. a. centro comercial
   b. tarjeta de débito
   c. dinero en efectivo
   d. tarjeta de crédito

2. a. lavar
   b. cocinar
   c. limpiar
   d. seleccionar

3. a. en el acto
   b. enseguida
   c. de repente
   d. a propósito

4. a. inesperado
   b. soler
   c. costumbre
   d. rutina

5. a. muebles
   b. escalera
   c. mandados
   d. balcón

6. a. horario
   b. rutina
   c. costumbre
   d. hogar

2 ¿Lógico o ilógico? Decide si cada oración es lógica (L) o ilógica (I). (5 x 1 pt. each = 5 pts.)

_____ 1. Si te molesta la soledad, debes buscar más amistades.

_____ 2. Miguel juega al boliche a menudo porque es su pasatiempo preferido.

_____ 3. En mi casa no usamos el lavaplatos porque solemos lavar todo a mano.

_____ 4. Si quieres calentar la comida, tienes que apagar el microondas (*microwave*).

_____ 5. Me levanto muy temprano; por eso, apenas tengo tiempo para arreglarme.

3 Conversaciones Completa las conversaciones con la respuesta correcta. (5 x 1 pt. each = 5 pts.)

1. —Fue muy _____ (cara/barata) la aspiradora?

   —No, para nada. ¡Fue una ganga!

2. —Marcela se muda a Chile.

   —No me sorprende. Ella nunca _____ (probó/se acostumbró) a la vida de este país.

3. —¿Tus padres se conocieron _____ (en aquel entonces/por casualidad)?

   —No, fue en una cita a ciegas.

4. —Esta tarde tienes que _____ (hacer mandados/arreglarte), ¿no?

   —No. Ya hice todo: fui al supermercado, devolví una camiseta en el centro comercial, pasé por el banco…

5. —¿Tu hijo te ayuda con la limpieza?

   —Sí, a veces _____ (toca el timbre/barre).

4 Analogías Completa cada analogía con la palabra apropiada. (7 x 1 pt. each = 7 pts.)

1. cerrar : abrir :: apagar : _____

2. bonito : lindo :: diario : _____

3. comprar comida : supermercado :: probarse ropa : _____

4. barato : caro :: a tiempo : _____

5. agua : hervir :: papas fritas : _____

6. auténtico : verdadero :: en el acto : _____

7. información : averiguar :: reembolso : _____

CONTEXTOS

Lección 3

Miniprueba B

1 Conversaciones Completa las conversaciones utilizando las palabras de la lista. No necesitas todas las palabras. (6 x 1 pt. each = 6 pts.)

auténtica	hogar
barre	horario
cara	por casualidad
de vez en cuando	prueba
hacer mandados	se acostumbró

1. —¿Tu hijo te ayuda con la limpieza?

   — Sí, a veces _____ .

2. —¿Fue muy _____ la aspiradora?

   —No, para nada. ¡Fue una ganga!

3. — ¿Tus padres se conocieron _____ ?

   —No, fue en una cita a ciegas.

4. —¡No encuentro mi agenda!

   —Pero, ¿para qué usas agenda? Todos los días sigues el mismo _____ .

5. —Esta tarde tienes que _____ , ¿no?

   —No. Ya hice todo: fui al supermercado, devolví una camiseta en el centro comercial, pasé por el banco…

6. —Marcela se muda a Chile.

   —No me sorprende. Ella nunca _____ a la vida de este país.

2 Preguntas Contesta las preguntas con oraciones completas. (3 x 2 pts. each = 6 pts.)

1. ¿Quién limpia tu dormitorio? ¿Qué muebles tienes?

   _____

   _____

2. ¿Con qué frecuencia compras ropa? ¿Sueles probarte los zapatos antes de comprarlos?

   _____

   _____

3. ¿Te gusta el horario que tienes? ¿Por qué?

   _____

   _____

3 Escribir Piensa en una persona de tu familia (por ejemplo, un(a) tío/a o tu abuelo/a) y describe lo que hace los sábados. Usa por lo menos seis palabras o expresiones de la lista, u otras. (5 pts. for vocabulary + 3 pts. for grammar and creativity = 8 pts.)

a menudo	lavar
arreglarse	pasar la aspiradora
casi nunca	seleccionar
cocinar	soler
hacer mandados	quehaceres
ir de compras	quitar el polvo

_____

_____

_____

_____

_____

_____

_____

_____

_____

_____

_____

_____

Nombre _____ Fecha _____

ESTRUCTURA 3.1　　　　　　　　　　　　　Lección 3

Miniprueba A

1 Verbos Completa la tabla con la forma correcta de los verbos. (8 x 0.5 pts. each = 4 pts.)

yo	usted	nosotras	ellos
dormí	durmió	(1)	(2)
(3)	se acostumbró	nos acostumbramos	se acostumbraron
(4)	condujo	condujimos	(5)
leí	(6)	leímos	(7)
encendí	(8)	encendimos	encendieron

2 Completar Completa las oraciones con la forma correcta del pretérito del verbo entre paréntesis. (6 x 1 pt. each = 6 pts.)

1. Los profesores nos _____ la tarea. (explicar)

2. ¿_____ tú algún plato típico? (comer)

3. Ustedes _____ a Valparaíso. (ir)

4. El domingo pasado yo _____ a escribir un poema. (comenzar)

5. Anoche Jaime y yo _____ un concierto en la radio. (oír)

6. Ayer doña Piedad _____ por todo el barrio. (andar)

3 Oraciones Forma oraciones completas con los elementos dados. Usa el pretérito y haz todos los cambios necesarios. (4 x 1 pt. each = 4 pts.)

1. nosotras / devolver / las maletas / el mes pasado

   _____

2. antes de salir / yo / apagar / las luces

   _____

3. esta mañana / Ignacio y Sandra / quitar el polvo

   _____

4. ¿usted / hervir / el té?

   _____

4 Conversación Los señores Orozco dan una fiesta de cumpleaños para Simón, su hijo mayor. Completa la conversación con la forma correcta del pretérito del verbo apropiado. (8 x 0.75 pt. each = 6 pts.)

PAPÁ   La casa ya está completamente limpia. Olivia y yo (1) _____ el suelo de la sala.

MAMÁ   Bueno, casi toda la comida está lista. (Yo) (2) _____ los aperitivos. ¿Y ustedes (3) _____ el arroz con camarones? Creo que le falta un poco de sal.

SIMÓN   Tranquila, mamá. Está delicioso.

PAPÁ   Y este pastel, ¿también lo (4) _____ tú?

MAMÁ   No, lo (5) _____ de la pastelería de la esquina.
(6 _____ un poco caro, pero hoy es un día especial. Además, (yo) no
(7 _____ tiempo de prepararlo.

SIMÓN   Mamá, ¡ya son las dos menos diez! Mis amigos (8) _____ que vendrían a las dos.

Nombre _____   Fecha _____

ESTRUCTURA 3.1   Lección 3

Miniprueba B

1 Conversación Los señores Orozco dan una fiesta de cumpleaños para Simón, su hijo mayor. Completa la conversación con la forma correcta del pretérito de los verbos de la lista. Cada verbo se usa una sola vez. (8 x 0.75 pt. each = 6 pts.)

| barrer | calentar | decir | hacer | pedir | probar | ser | tener |

PAPÁ La casa ya está completamente limpia. Olivia y yo (1) _____ el suelo de la sala.

MAMÁ Bueno, casi toda la comida está lista. (Yo) (2) _____ los aperitivos. ¿Y ustedes (3) _____ el arroz con camarones? Creo que le falta un poco de sal.

SIMÓN Tranquila, mamá. Está delicioso.

PAPÁ Y este pastel, ¿también lo (4) _____ tú?

MAMÁ No, lo (5) _____ de la pastelería de la esquina. (6) _____ un poco caro, pero hoy es un día especial. Además, (yo) no (7) _____ tiempo de prepararlo.

SIMÓN Mamá, ¡ya son las dos menos diez! Mis amigos (8) _____ que vendrían a las dos.

2 Combinar Forma oraciones completas con los elementos dados. Usa el pretérito.
(6 x 1 pt. each = 6 pts.)

nosotros/as	dar una fiesta	anteayer
tú	devolver un suéter feo	el miércoles pasado
las chicas	andar por el centro	anoche
Jaime	leer un libro interesante	el año pasado
ustedes	conseguir las entradas	una vez
yo	saber la verdad	ayer
¿?	dormir una siesta	esta mañana
		¿?

1. _____

2. _____

3. _____

4. _____

5. _____

6. _____

3 Escribir Escríbele una carta a tu abuelo/a para contarle tres cosas que hiciste la semana pasada y dos cosas que tú y tu familia hicieron el fin de semana pasado. Luego menciona tus planes para la semana que viene. (4 pts. for grammar + 4 pts. for style and creativity = 8 pts.)

_____

_____

_____

_____

_____

_____

_____

_____

_____

_____

_____

_____

_____

_____

ESTRUCTURA 3.2

Lección 3

Miniprueba A

1 Emparejar Raúl recuerda su clase de primer grado. Empareja la descripción de la persona de la columna A con la oración de la columna B que mejor se relaciona. (5 x 1 pt. each = 5 pts.)

A	B
_____ 1. Miguelito no era puntual.	a. Siempre tenía miedo de contestar preguntas.
_____ 2. Yo era muy tímido.	b. A veces decía mentiras.
_____ 3. Eduardo era malo.	c. Apenas salía durante el recreo.
_____ 4. La maestra era bilingüe.	d. Nunca llegaba a tiempo.
_____ 5. Sandra era enfermiza (*sickly*).	e. Hablaba en español durante la clase.

2 Completar Completa las oraciones con la forma correcta del imperfecto del verbo indicado. (5 x 1 pt. each = 5 pts.)

1. Ustedes les _____ regalos a los vecinos. (dar)

2. Tú siempre _____ viendo la televisión. (dormirse)

3. Francisco _____ visitarme por las tardes. (soler)

4. Todos los sábados mi padre y yo _____ temprano. (despertarse)

5. Los niños _____ en la clase de arte. (dibujar)

 Lección 3 Estructura 3.2 Miniprueba A

3 Oraciones Forma oraciones completas con los elementos dados. Utiliza el imperfecto y haz todos los cambios necesarios. (5 x 1 pt. each = 5 pts.)

1. de niño / Héctor / jugar / béisbol / con su padre

   _____

2. tú y yo / ir / de compras / en / el centro comercial

   _____

3. tú / no / comer / las sopas / que / preparar / nuestra / abuela

   _____

4. mis hermanas / arreglarse / mientras / yo / calentar / el carro

   _____

5. usted / ver / ese programa / todas las noches

   _____

4 Completar Irene habla de su niñez. Completa lo que dice con las formas correctas de los verbos de la lista. (5 x 1 pt. each = 5 pts.)

encantar	llevar
haber	sentarse
hablar	

De pequeña a mí me (1) _____ leer. Todas las semanas mi madre me

(2) _____ a la biblioteca. Allí (3) _____ unos doscientos

libros en la sección de literatura infantil. Mientras mi madre (4) _____ con la

bibliotecaria (*librarian*), yo (5) _____ en un sillón para leer un rato.

         Lección 3   Estructura 3.2   Miniprueba A

ESTRUCTURA 3.2   Lección 3

Miniprueba B

1 Completar Irene habla de su niñez. Completa lo que dice con las formas correctas del imperfecto. (6 x 1 pt. each = 6 pts.)

De pequeña a mí me (1) _____ leer. Todas las semanas mi madre me

(2) _____ a la biblioteca. Allí (3) _____ unos doscientos

libros en la sección de literatura infantil. Mientras mi madre (4) _____ con

la bibliotecaria (*librarian*), yo (5) _____ en un sillón y

(6) _____ unos cuentos de fantasía.

2 Combinar Forma oraciones completas con los elementos dados para describir lo que estas personas hacían durante las vacaciones de verano. Usa el imperfecto. (5 x 1 pt. each = 5 pts.)

ustedes	bucear	el cine
mis amigos/as y yo	ir	el mar
mi familia	tomar	fotos
tú	ver	¿?
Natalia y Adrián	comer	

1. _____

2. _____

3. _____

4. _____

5. _____

6. _____

Quizzes

3 Escribir ¿Recuerdas cómo era tu vida de niño/a? ¿Tus abuelos te han contado cómo era la suya? Primero escribe tu propia descripción física y lo que hacías y no hacías. Luego describe a tus abuelos. Usa como mínimo seis verbos en el imperfecto. (6 pts. for grammar + 3 pts. for style and creativity = 9 pts.)

_____

_____

_____

_____

_____

_____

_____

_____

_____

_____

_____

_____

_____

_____

_____

_____

_____

_____

_____

_____

_____

_____

_____

_____

_____

     Lección 3   Estructura 3.2   Miniprueba B

ESTRUCTURA 3.3   Lección 3

Miniprueba A

1 Situaciones Lee estas situaciones y escoge la explicación más lógica de lo que pasó.
(4 x 0.75 pt. each = 3 pts.)

1. La mayoría de los estudiantes de mi escuela secundaria decidieron estudiar en la misma universidad.

   a. El primer día de clases en la universidad, yo conocía a muchos compañeros.

   b. El primer día de clases en la universidad, yo conocí a muchos compañeros.

2. Todos mis papeles se dañaron por la lluvia.

   a. Mientras esperaba el autobús, llovió.

   b. Llovía mientras iba en el autobús.

3. Hay un gran escándalo por la desaparición de los fondos (*funds*), pero todavía no se sabe nada.

   a. El político quiso hacer comentarios.

   b. El político no quiso hacer comentarios.

4. Ayer murieron tres terroristas en una estación de autobuses.

   a. Los terroristas salieron de la estación y la bomba explotó.

   b. Los terroristas salían de la estación cuando la bomba explotó.

2 Escoger Selecciona las palabras adecuadas para completar las oraciones. (5 x 1 pt. each = 5 pts.)

1. _____ las seis de la mañana.

   a. Fueron   b. Eran

2. En aquel entonces _____ sólo seis familias en mi barrio.

   a. había   b. hubo

3. El examen _____ por fin a la una.

   a. terminaba   b. terminó

4. Antes de salir, yo _____ las luces y _____ la puerta.

   a. apagaba; cerré   b. apagué; cerré

5. Mis padres _____ en una cita a ciegas.

   a. se conocieron   b. se conocían

3 Completar Completa las oraciones con el imperfecto o el pretérito, según corresponda.
(3 x 2 pts. each = 6 pts.)

1. El camarero _____ (llevar) unos platos a la mesa cuando (él)
   _____ (caerse) y _____ (lastimarse) el brazo.

2. De pequeña, yo _____ (preferir) ir a la escuela en autobús porque
   nos _____ (pasear) por toda la ciudad. Pero un día, el autobús
   _____ (chocar) con un carro y por eso mis padres
   _____ (decidir) llevarme a la escuela en su auto.

3. Cuando ustedes _____ (tocar) el timbre, mis amigos y yo
   _____ (nadar) en la piscina y entonces yo no _____
   (abrir) la puerta.

4 Oraciones Forma oraciones completas con los elementos dados. Usa el pretérito o el imperfecto según
corresponda y haz todos los cambios necesarios. (4 x 1.5 pts. each = 6 pts.)

1. usted / ir / Mar del Plata / y / descansar / todos los veranos

   _____

2. los viajeros / andar / por cinco días / en el desierto / pero / nunca / encontrar / agua

   _____

3. cuando / tú / tener / un año / empezar / caminar

   _____

4. después de varios intentos (*attempts*) / Ángela y yo / poder / construir / una casa de naipes

   _____

ESTRUCTURA 3.3 Lección 3

Miniprueba B

1 Completar Completa las oraciones utilizando los verbos de la lista. Usa el imperfecto o el pretérito, según corresponda. Cada verbo se usa una sola vez. (3 x 2 pts. each = 6 pts.)

abrir	llevar
caerse	nadar
chocar	pasear
decidir	preferir
lastimarse	tocar

1. Cuando ustedes _____ el timbre, mis amigos y yo _____ en la piscina y entonces yo no _____ la puerta.

2. El camarero _____ unos platos a la mesa cuando (él) _____ y _____ el brazo.

3. De niña, yo _____ ir a la escuela en autobús porque nos _____ por toda la ciudad. Pero un día el autobús _____ con un carro y por eso mis padres _____ llevarme a la escuela en su auto.

2 Frases Completa las frases de manera lógica. Usa el pretérito o el imperfecto, según corresponda. (6 x 1 pt. each = 6 pts.)

1. Mi padre veía un noticiero mientras…

_____

2. De pequeño/a, yo…

_____

3. La semana pasada mis amigos/as…

_____

4. Eran las ocho de la mañana cuando…

_____

5. Mis compañeros y yo estábamos en la clase y de repente…

_____

6. Mis padres nunca supieron que…

_____

3 Escribir Describe un día de tu vida en el que te pasó algo realmente extraordinario. Además de lo que ocurrió, debes incluir estos detalles: tu edad, el día y la hora, una descripción del tiempo, dónde estabas y cómo te sentías. (5 pts. for grammar + 3 pts. for style and creativity = 8 pts.)

_____

_____

_____

_____

_____

_____

_____

_____

_____

_____

_____

_____

_____

_____

_____

_____

_____

_____

_____

_____

_____

_____

Quizzes

CONTEXTOS

Lección 4

Miniprueba A

1 Emparejar Empareja cada oración de la columna A con la palabra o expresión de la columna B que mejor se relaciona. (4 x 1 pt. each = 4 pts.)

	A		B
_____ 1.	Mi vecino adelgazó ochenta kilos el año pasado.		a. la obesidad
_____ 2.	La señorita Lobos tose, tiene la garganta inflamada y tiene mal aspecto.		b. trasnochar
			c. la tensión alta
_____ 3.	La niña se cayó, se golpeó (*hit*) la cabeza y dejó de respirar por varios minutos.		d. los primeros auxilios
			e. estar resfriado/a
_____ 4.	Mi abuelo tiene que comer alimentos bajos en sal y grasa.		f. la depresión

2 Escoger Escoge la palabra o expresión que no está relacionada con cada grupo. (5 x 1 pt. each = 5 pts.)

1. a. aspirina
   b. cirugía
   c. receta
   d. pastilla

2. a. resfriado
   b. virus
   c. gripe
   d. herida

3. a. relajarse
   b. recuperarse
   c. sanar
   d. curarse

4. a. ponerse mal
   b. contagiarse
   c. tratar
   d. enfermarse

5. a. alimentación
   b. salud
   c. venda
   d. bienestar

3 ¿Cierto o falso? Decide si cada oración es cierta (C) o falsa (F). (5 x 1 pt. each = 5 pts.)

_____ 1. Un cirujano es la persona que realiza las operaciones en un hospital.

_____ 2. Llevas un jarabe cuando te rompes un hueso.

_____ 3. El consultorio es el lugar donde te examina el médico.

_____ 4. Una persona se siente mareada antes de desmayarse.

_____ 5. Recibes una vacuna para contagiar una enfermedad.

4 Conversaciones Completa las conversaciones con la palabra correcta. (4 x 1.5 pts. each = 6 pts.)

1. —Esta señora está histérica por la muerte de su hijo. ¿Qué le podemos dar, doctor?

   —Enseguida le voy a dar un _____ .

2. —Rosana tiene tanta confianza en sí misma.

   —Es verdad. Yo nunca había conocido a alguien con mejor _____ .

3. —¿Tienes _____ ?

   —No sé. No me he tomado la temperatura.

4. —El paciente puede empeorar, ¿no? Vamos a tener que hacerle varios tratamientos.

   —Sí, seguramente va a _____ aquí en el hospital unas dos semanas más.

CONTEXTOS

Lección 4

Miniprueba B

1 Definiciones Escribe la palabra que se define. (6 x 1 pt. each = 6 pts.)

1. Es el lugar donde te examina el médico. _____

2. Llevas esto cuando te rompes un hueso. _____

3. Es la acción de no dormir en toda la noche. _____

4. Es cómo se siente una persona antes de desmayarse. _____

5. La recibes para prevenir una enfermedad. _____

6. Es la persona que realiza las operaciones en un hospital. _____

2 Consejos Lee estas situaciones y escribe dos consejos para cada una. Usa **deber** o **tener** que. (3 x 2 pts. each = 6 pts.)

1. Julio sufre de depresión y tiene la autoestima baja.

   _____

2. Mi amiga tose, tiene fiebre y se siente agotada.

   _____

3. Mi padre tiene problemas de obesidad y tensión alta.

   _____

3 Escribir Describe alguna vez que te enfermaste o tuviste un accidente. Di dónde estabas cuando empezaste a sentirte mal, los síntomas que tenías y el tratamiento que recibiste. (3 pts. for grammar + 5 pts. for vocabulary and style = 8 pts.)

_____

_____

_____

_____

_____

_____

_____

_____

ESTRUCTURA 4.1   Lección 4

Miniprueba A

1 Verbos Completa la tabla con la forma correcta del presente del subjuntivo. (8 x 0.5 pt. each = 4 pts.)

Infinitivo	que yo	que tú	que nosotras	que ustedes
sufrir	sufra	(1)	suframos	(2)
acostarse	(3)	te acuestes	(4)	(5)
saber	(6)	(7)	(8)	sepan

2 Escoger Selecciona la forma adecuada del verbo para completar las oraciones. (4 x 0.75 pt. each = 3 pts.)

1. Me opongo a _____ tantas horas.
   a. trabajo
   b. trabaje
   c. trabajar

2. No es verdad que nosotros les _____ dinero.
   a. damos
   b. demos
   c. dar

3. No negamos que usted _____ al presidente.
   a. conoce
   b. conozca
   c. conocer

4. Tal vez _____ buena idea comprarlo.
   a. es
   b. sea
   c. ser

3 Completar Completa las oraciones con la forma correcta (indicativo, subjuntivo o infinitivo) del verbo entre paréntesis. (6 x 1 pt. each = 6 pts.)

1. Rodolfo sugiere que tú _____ otra casa. (buscar)

2. Yo insisto en _____ la cuenta. (pagar)

3. Los jefes exigen que tú y yo _____ en la reunión. (estar)

4. Es evidente que yo _____ la verdad. (decir)

5. Tememos que _____ mucha corrupción. (haber)

6. Es probable que ellos _____ allí mucho tiempo. (permanecer)

4 Conversación Inés se ha roto el tobillo. Completa la conversación con la forma correcta (indicativo, subjuntivo o infinitivo) del verbo apropiado de la lista. No necesitas uno de los verbos.
(7 x 1 pt. each = 7 pts.)

acostarse	poder
hacer	seguir
llamar	tener
moverse	ver

MAMÁ Inés, es terrible que (tú) no (1) _____ jugar en el torneo de baloncesto. Pero si quieres volver a jugar el año que viene, es urgente (2) _____ los consejos del médico.

PAPÁ Sí, hija. Ruego que le (3) _____ caso a tu mamá. Si descansas el pie durante un tiempo y luego haces los ejercicios de fisioterapia, estoy seguro de que el otro año tu mamá y yo te (4) _____ jugar en el campeonato.

INÉS Ojalá ustedes (5) _____ razón. (Inés intenta levantarse.)

MAMÁ ¡Inés! Te prohíbo que (6) _____ del sofá.

INÉS ¡Ay, mamá! Quiero (7) _____ a mis amigas para contarles lo que pasó.

PAPÁ Pues, por eso tu mamá y yo estamos aquí. A ver, aquí tienes tu celular...

ESTRUCTURA 4.1   Lección 4

Miniprueba B

1 Completar Completa las oraciones con la forma correcta (indicativo, subjuntivo o infinitivo) del verbo apropiado de la lista. (8 x 0.75 pt. each = 6 pts.)

asistir	pagar
conocer	permanecer
dar	ser
decir	trabajar

1. Los jefes exigen que tú y yo _____ a la reunión.

2. Yo insisto en _____ la cuenta.

3. Es probable que ellos _____ allí mucho tiempo.

4. Mis tíos se oponen a _____ tantas horas en la oficina.

5. Tal vez _____ buena idea comprarlo.

6. No negamos que tú _____ al presidente.

7. No es verdad que nosotros les _____ dinero.

8. Es evidente que yo _____ la verdad.

2 Combinar Combina elementos de las columnas para formar oraciones completas.
(4 x 1 pt. each = 4 pts.)

creer		los profesores	salir
ojalá	(que)	yo	resolver
ser posible		usted	saber
rogar		Federico y yo	curarse

1. _____

2. _____

3. _____

4. _____

5. _____

6. _____

3 Frases Completa las frases de manera lógica. (3 x 1 pt. each = 3 pts.)

1. Tal vez mis amigos/as...

_____

2. No dudo que...

_____

3. Mis padres se alegran de que...

_____

4 Escribir Escribe una conversación en la que tú le das consejos a un(a) amigo/a que está comenzando su primer semestre en la clase de español. Usa por lo menos cuatro expresiones de la lista. (4 pts. for grammar + 3 pts. for style and creativity = 7 pts.)

aconsejar	ser cierto
esperar	ser poco seguro
recomendar	quizás

_____

_____

_____

_____

_____

_____

_____

_____

_____

_____

_____

_____

_____

_____

_____

Quizzes

ESTRUCTURA 4.2   Lección 4

Miniprueba A

1 Emparejar Empareja el mandato de la columna A con la persona que lo dice de la columna B.
(5 x 1 pt. each = 5 pts.)

A	B
_____ 1. No salgas sin tu chaqueta.	a. una doctora
_____ 2. Por favor, abra la boca.	b. un dentista
_____ 3. Vamos a la siguiente página.	c. una consejera
_____ 4. Que te mejores pronto.	d. una madre
_____ 5. Explíquenme sus emociones.	e. un profesor

2 Transformar Escribe estas oraciones de nuevo para que sean mandatos. (6 x 1 pt. each = 6 pts.)

1. Necesitan recuperarse.

   _____

2. No le conviene trasnochar.

   _____

3. Es bueno que te pongas el protector solar.

   _____

4. Tiene que decidir ahora.

   _____

5. No debemos ser tan irresponsables.

   _____

6. No quiero que ellos lo hagan.

   _____

3 Completar Nadia dejó este mensaje para su compañera de cuarto. Completa el texto con mandatos informales, usando los verbos de la lista. No necesitas uno de los verbos. (5 x 1 pt. each = 5 pts.)

abrir	echarle
calentarlo	pedir
decir	relajarse

Hola, Carolina:

Esta noche tengo un examen hasta las nueve y media. Si no quieres cocinar hoy,

(1) _____ algo del restaurante de la esquina, o en la nevera hay un poco de arroz

con pollo. Simplemente (2) _____ unas gotas (drops) de agua y

(3) _____ por treinta segundos en el microondas. Si mi novio pasa por la casa,

no (4) _____ la puerta ni (5) _____ nada.

Estoy muy enojada con él.

4 ¿Quién lo dice? Primero indica quién diría cada cosa, un **paciente** (**P**) o un **médico** (**M**). Luego escribe el mandato formal, usando pronombres de complemento directo e indirecto si es posible. (4 x 1 pt. each = 4 pts.)

_____ 1. respirar hondo (*deeply*), por favor

_____

_____ 2. describirme sus síntomas

_____

_____ 3. no ponerme la inyección

_____

_____ 4. darle el copago (*copay*) a la recepcionista

_____

ESTRUCTURA 4.2   Lección 4

Miniprueba B

1 ¿Quién lo dice? Primero indica quién diría cada cosa, un **estudiante** (**E**) o un **maestro** (**M**). Luego escribe los mandatos formales, usando pronombres de complemento directo e indirecto si es posible. ¡Ojo! Los estudiantes usan mandatos singulares y el profesor usa mandatos plurales. (6 x 1 pt. each = 6 pts.)

_____ 1. explicarlo más despacio, por favor

_____

_____ 2. ir a la siguiente página

_____

_____ 3. no hablar durante el examen

_____

_____ 4. repetir los verbos

_____

_____ 5. no darnos tarea hoy

_____

_____ 6. mantener los escritorios limpios

_____

2 Situaciones Lee estas situaciones y escribe dos oraciones lógicas usando un mandato afirmativo y uno negativo, según las indicaciones entre paréntesis. Usa también pronombres de complemento directo e indirecto si es posible. (3 x 2 pts. each = 6 pts.)

1. Tú y tu hermano/a comparten una habitación, y tus padres les han dicho que tienen que arreglarla hoy, pero tú tienes planes con tus amigos/as. (indirecto)

_____

_____

2. Tu padre ha ganado un millón de dólares en la lotería y te ha pedido consejos. (tú)

_____

_____

3. Tú y tu mejor amigo/a están enamorados/as de la misma persona. (nosotros/as)

_____

_____

3 Escribir Tú y tres amigos/as están de vacaciones en un pueblo cerca de una playa. Hoy cada persona quiere hacer algo distinto. Escribe una conversación en la que usas por lo menos un mandato de cada tipo (informal, formal, indirecto y de **nosotros/as**). (4 pts. for grammar + 4 pts. for style and creativity = 8 pts.)

Quizzes

ESTRUCTURA 4.3   Lección 4

Miniprueba A

1 Escoger Selecciona las frases adecuadas para completar las oraciones. (4 x 1 pt. each = 4 pts.)

1. No sé dónde trabaja Víctor, pero _____ gana bastante dinero.

   a. por lo tanto   b. por lo visto

2. Tengo ganas de salir con mis amigas, pero _____ tengo que estudiar para el examen.

   a. por otro lado   b. por más que

3. No debemos reírnos tanto en clase; hoy el profesor no está _____ .

   a. para que sepas   b. para bromas

4. Tuve un día horrible: llegué tarde, recibí una mala nota y _____ olvidé la tarea en casa.

   a. por si acaso   b. para colmo

2 Emparejar Empareja cada frase de la primera columna con la de la segunda columna para formar oraciones lógicas. (5 x 1 pt. each = 5 pts.)

_____ 1. Debes hacer ejercicio tres veces   a. para el jueves.

_____ 2. Ana tiene que terminarlo   b. por diez minutos.

_____ 3. No pude ir   c. para esa enfermedad.

_____ 4. Te estuvimos esperando   d. por semana.

_____ 5. Desarrollaron una cura   e. por el resfriado.

Quizzes

3 Completar Completa las oraciones con **por** o **para**. (6 x 1 pt. each = 6 pts.)

1. Estos dulces son _____ los niños, _____ sus buenas notas.

2. El cantante está resfriado; _____ eso su hermana va a cantar

   _____ él en el concierto.

3. Quiero hacerle una fiesta de despedida, pero ella me dice que no es _____ tanto.

4. _____ ser una chica tan inteligente, comete muchos errores.

4 Oraciones Forma oraciones completas con los elementos dados. Usa **por** o **para** y el tiempo indicado.
Haz todos los cambios necesarios. (4 x 1.25 pts. each = 5 pts.)

1. mañana / nosotros / salir / Cancún (presente)

   _____

2. ahora / Raquel / no pensar / mudarse / de ciudad (presente)

   _____

3. ese poema / ser / escrito / Pablo Neruda (pretérito)

   _____

4. yo / ir / a / amarte / siempre (presente)

   _____

Quizzes

ESTRUCTURA 4.3 Lección 4

Miniprueba B

1 Completar Completa las oraciones utilizando las palabras y expresiones de la lista. Cada una se usa una sola vez. No necesitas una. (8 x 0.5 pt. each = 4 pts.)

para	**por**
para bromas	**por ahora**
para colmo	**por lo visto**
para siempre	**por otro lado**
para tanto	**por si acaso**

1. Tengo que estudiar para el examen, pero _____ tengo ganas de salir con mis amigas.

2. No sé dónde trabaja Víctor, pero con el carro que maneja... ¡ _____ gana bastante dinero!

3. _____ Raquel no piensa cambiar de trabajo.

4. _____ ser una chica tan inteligente, comete muchos errores.

5. No debemos reírnos tanto en clase; hoy el profesor no está _____ .

6. Tuve un día horrible: llegué tarde, recibí una mala nota y _____ olvidé la tarea en casa.

7. El cantante está resfriado; su hermana va a cantar _____ él en el concierto.

8. Quiero hacerle una fiesta de despedida, pero ella me dice que no es _____ .

2 Frases Completa las frases de manera lógica. Usa **por, para** o una expresión con **por** o **para**. (6 x 1 pt. each = 6 pts.)

1. Hablo con mis amigos/as...

   _____

2. Debes hacer ejercicio...

   _____

3. Mi tío/a trabaja...

   _____

4. No pude ir a tu fiesta...

   _____

5. Fabiola tiene que terminar el trabajo...

   _____

6. Después de las clases, salgo...

   _____

3 Escribir Escribe una conversación entre un(a) médico/a y una persona que necesita mejorar su salud. Usa **por**, **para** y tres expresiones de la lista. ¡Sé creativo/a!

(5 pts. for grammar + 5 pts. for style and creativity = 10 pts.)

no ser para tanto	por lo general
para que sepa (usted)	por lo menos
por eso	por supuesto

_____

_____

_____

_____

_____

_____

_____

_____

_____

_____

_____

_____

_____

_____

_____

_____

_____

_____

_____

_____

_____

_____

_____

_____

Quizzes

CONTEXTOS   Lección 5

Miniprueba A

1 ¿Dónde? Decide si estos turistas están en un **puerto**, un **hotel** o un **aeropuerto**. (5 x 1 pt. each = 5 pts.)

1. Voy a buscar otro alojamiento porque éste está lleno. _____

2. Me voy a sentar un rato para mirar las olas. _____

3. Le di mi maleta al agente de aduanas. _____

4. Corrimos hacia la puerta pero perdimos el vuelo. _____

5. Sin brújula, nunca vamos a salir de aquí. _____

2 Seleccionar Selecciona la palabra que no está relacionada con cada grupo. (5 x 1 pt. each = 5 pts.)

1. a. alojamiento
   b. campamento
   c. albergue
   d. aviso

2. a. vuelo
   b. ruinas
   c. selva
   d. excursión

3. a. destino
   b. itinerario
   c. medidas de seguridad
   d. llegada

4. a. quedarse
   b. reducir
   c. reservar
   d. alojarse

5. a. crucero
   b. viajero
   c. aventurero
   d. turista

3 Oraciones Completa las oraciones con la respuesta apropiada. (5 x 1 pt. each = 5 pts.)

1. Cuando manejas, lo más importante es ponerte el _____ (cinturón/seguro).

2. Patricia quiere viajar a un país _____ (lejano/de buena categoría), como Nueva Zelanda.

3. Lo siento, este pasaporte está _____ (vigente/vencido). No puede viajar hoy.

4. Mira, allí hay un _____ (servicio de habitación/albergue) donde podemos dormir esta noche.

5. Para conocer bien la isla, hay que _____ (recorrer/navegar) todos los pueblos y también los volcanes.

4 Completar Completa el párrafo con las palabras apropiadas. (5 x 1 pt. each = 5 pts.)

En septiembre del año pasado mi familia y yo (1) _____ un viaje a San Juan,

Puerto Rico. Mis padres prefieren viajar durante la (2) _____ baja porque

así los (3) _____ de avión son más baratos. Mi padre reservó dos

habitaciones (4) _____: una para él y mi mamá, y otra para mi hermano

y yo. En el hotel ofrecieron excursiones de (5) _____ para ver los peces

y corales en el mar.

Quizzes

CONTEXTOS

Lección 5

Miniprueba B

1 ¿Qué es? Identifica cada cosa, persona o lugar que se describe. (8 x 0.75 pt. each = 6 pts.)

1. Es un cuarto de hotel para una persona. _____

2. Si causas un accidente automovilístico y no tienes esto, tienes que pagar mucho dinero. _____

3. Para hacer *surfing*, buscas una playa con esto. _____

4. Es un lugar totalmente rodeado (*surrounded*) por el agua. _____

5. Es la persona que revisa tus maletas en un aeropuerto internacional. _____

6. Cuando tienes hambre pero no quieres salir de la cama, llamas a la recepción y pides esto. _____

7. Es una manera de ir debajo del agua para ver los peces y corales. _____

8. Cuando hay muchos carros en la ciudad, produce esto. _____

2 Definir Escribe definiciones para estas palabras. (5 x 1 pt. each = 5 pts.)

1. la temporada alta

   _____

2. el pasaje de ida y vuelta

   _____

3. recorrer

   _____

4. la brújula

   _____

5. vencido

   _____

3 Escribir Escribe una conversación entre un(a) viajero/a que quiere viajar a un país latinoamericano y un(a) agente de viajes. Utiliza por lo menos seis palabras de la lista. ¡Sé creativo/a!

(3 pts. for grammar + 6 pts. for vocabulary and style = 9 pts.)

el crucero	lejano/a
de buena categoría	el pasaje
ecoturismo	el puerto
el/la guía turístico/a	regresar
hacer un viaje	quedarse

_____
_____
_____
_____
_____
_____
_____
_____
_____
_____
_____
_____

Quizzes

ESTRUCTURA 5.1 Lección 5

Miniprueba A

1 Escoger Completa las oraciones con la respuesta apropiada. (4 x 1 pt. each = 4 pts.)

1. La señora Romero es menos _____ que el doctor Cruz. (trabajadora/alto)

2. Había _____ viajeros haciendo fila; perdimos el vuelo. (tan/muchísimos)

3. Elisa habla _____ el inglés que el alemán. (peor/mal)

4. Hay tantas _____ como mujeres en el avión. (hombres/maletas)

2 Seleccionar Selecciona la opción adecuada para completar cada oración. (5 x 1 pt. each = 5 pts.)

1. Su casa está más cerca _____ la nuestra.
   a. como
   b. que
   c. menos

2. Gabriela canta tan _____ como toca el piano.
   a. de
   b. mejor
   c. bien

3. La película va a durar menos _____ hora y media.
   a. de
   b. que
   c. la

4. Isabel tiene una cámara tan _____ como la mía.
   a. peor
   b. nueva
   c. joven

5. Estos sándwiches son los _____ nutritivos del menú.
   a. tantos
   b. mejores
   c. más

3 Conversaciones Completa la conversación con la forma apropiada de las palabras de la lista. No necesitas todas las palabras. (6 x 1 pt. each = 6 pts.)

como	menor
de	que
frigidísimo/a	tanto
más	tanto/a

MARIO ¿Qué vas a hacer durante las vacaciones de enero?

TERESA Mi familia y yo vamos a hacer un viaje a Toronto para visitar a mis tíos.

MARIO ¿En enero? Pero... ¿no sabes que es una época (1) _____? ¡Y creo que en Toronto nieva (2) _____ como en el Polo Norte! Mejor se quedan aquí en San Juan.

TERESA Sí, pero es que no son simples vacaciones. Voy a conocer a mi primita Yolanda, que va a cumplir un año el 15 de enero. Ella es la (3) _____ de toda la familia y mi tía me dice que tiene los ojos más bonitos (4) _____ mundo. Íbamos a ir para su bautismo hace seis meses, pero los pasajes estaban demasiado caros.

MARIO Bueno, ya sabes lo que dicen... (5) _____ vale tarde que nunca.

TERESA Sí, claro. Y tú, Mario, ¿qué piensas hacer?

MARIO Pues, no voy a viajar (6) _____ kilómetros como tú, pero voy a visitar a mis abuelos en Ponce...

4 Completar Completa las oraciones con las palabras apropiadas. (5 x 1 pt. each = 5 pts.)

1. El año pasado terminó _____ guerra más larga de la historia del país.

2. Estos profesores enseñan _____ clases como usted.

3. Ahora tengo menos trabajo _____ el año pasado.

4. Bill Gates no es rico ¡sino _____! Tiene mucho dinero.

5. Este barco navega _____ rápido como el otro.

ESTRUCTURA 5.1 Lección 5

Miniprueba B

1 Completar Completa las oraciones con las palabras apropiadas. (8 x 0.5 pt. each = 4 pts.)

1. Este barco navega _____ rápido como el otro.

2. Estos sándwiches son los _____ nutritivos del menú.

3. Estos profesores enseñan _____ clases como usted.

4. El año pasado terminó _____ guerra más larga de la historia del país.

5. Ahora tengo menos trabajo _____ el año pasado.

6. Bill Gates no es rico ¡sino _____! Tiene mucho dinero.

7. La película va a durar menos _____ hora y media.

8. Mario estudia _____ como trabaja.

2 Oraciones Combina elementos de las columnas para formar oraciones completas. Usa comparativos. (4 x 1 pt. each = 4 pts.)

el circo	costar	mis padres
Brad Pitt	ser	las ruinas de Machu Picchu
la selva	tener	los cruceros
yo	trabajar	el zoológico
los albergues	¿?	Jamie Foxx

1. _____
2. _____
3. _____
4. _____
5. _____
6. _____

3 Superlativos Haz comparaciones usando el superlativo. ¡Sé creativo/a! (4 x 1 pt. each = 4 pts.)

1. Argentina, Puerto Rico, Costa Rica

   _____

2. los poemas de Shakespeare, las películas de Hollywood, las novelas de ciencia-ficción

   _____

3. el primer ministro de Canadá, el presidente de los EE.UU., el presidente de México

   _____

4. los deportes, los juegos de mesa, los videojuegos

   _____

4 Escribir Piensa en tres lugares específicos en tu país y decide cuál es el lugar ideal de vacaciones para unos jóvenes de tu edad. Escribe un párrafo breve para describir por qué es el sitio perfecto, usando comparativos y superlativos. (4 pts. for grammar + 4 pts. for style and creativity = 8 pts.)

Lugares:

_____

_____

_____

Descripción:

_____

_____

_____

_____

_____

_____

_____

_____

_____

_____

         Lección 5   Estructura 5.1   Miniprueba B

Quizzes

ESTRUCTURA 5.2   Lección 5

Miniprueba A

1 Escoger Selecciona la palabra adecuada para completar cada oración. (4 x 1 pt. each = 4 pts.)

1. Dejé la puerta abierta y _____ entró en la casa.
   a. también
   b. tampoco
   c. nadie
   d. cualquiera

2. A Pepe le gustan los cafés, pero no conozco _____ que sea bueno.
   a. ningunos
   b. ni siquiera
   c. nada
   d. ninguno

3. _____ quiero nada para mi cumpleaños.
   a. Siempre
   b. Nadie
   c. O
   d. Tampoco

4. Mi tía sueña con tener una casa _____ día.
   a. algún
   b. ningún
   c. alguno
   d. algo

2 Transformar Transforma las oraciones positivas para que sean negativas y viceversa.
(4 x 1 pt. each = 4 pts.)

1. Siempre me escribe alguien de algún lugar.

   _____

2. No deseo alojarme en ese albergue ni en aquel campamento.

   _____

3. Hay algunos pasajes baratos ahora.

   _____

4. Tampoco veo nada interesante en la televisión.

   _____

3 El crítico Mateo escribió esta reseña (*review*) en un foro de Internet. Completa el párrafo con la forma correcta de las palabras de la lista. Las palabras se usan una sola vez. (8 x 0.75 pt. each = 6 pts.)

alguno/a	ninguno/a
cualquier(a)	no
jamás	siempre
ni siquiera	también

Anoche salí con (1) _____ amigos al nuevo bar-restaurante El Tigre y lo pasamos

tan mal que (2) _____ volveremos a comer allí. Mi amigo Nicolás es muy

impaciente; (3) _____ llama uno o dos días antes para reservar una mesa porque

no le gusta esperar. En este caso Nicolás reservó una mesa para cuatro personas para las diez de la

noche. Llegamos a las diez en punto y ¡no había (4) _____ mesa para

nosotros! Tuvimos que esperar casi una hora para sentarnos. Nicolás estaba furioso y yo

(5) _____ me sentía un poco enojado. Pero lo peor fue la camarera; pasaba por

todas las mesas y (6) _____ miraba hacia la nuestra. Cuando por fin se apareció, le

pedimos unos vasos de agua, pero (7) _____ los trajo nunca. Creo que en El Tigre

(8) _____ persona se muere de sed...

4 Conversaciones Completa las conversaciones con palabras negativas y positivas.
(6 x 1 pt. each = 6 pts.)

1. —No me interesan nada los cruceros.

   —A mí _____.

2. —¿Qué tal si comemos hoy en casa?

   —Ay, no. Hoy no quiero _____ cocinar _____
   lavar los platos.

3. —¿Por qué me miras así? ¿Hay _____ que quieras preguntarme?

   —Sí. ¿Estás saliendo con _____?

4. —¿Por qué se fueron ellos de la ciudad?

   —Es un misterio. _____ sabe lo que pasó.

ESTRUCTURA 5.2   Lección 5

Miniprueba B

1 El crítico Mateo escribió esta reseña (*review*) en un foro de Internet. Completa el párrafo con palabras positivas y negativas. No repitas palabras. (8 x 0.75 pt. each = 6 pts.)

Anoche salí con (1) _____ amigos al nuevo bar-restaurante El Tigre y lo pasamos

tan mal que (2) _____ volveremos a comer allí. Mi amigo Nicolás es muy

impaciente; (3) _____ llama uno o dos días antes para reservar una mesa porque

no le gusta esperar. En este caso Nicolás reservó una mesa para cuatro personas para las diez de la

noche. Llegamos a las diez en punto y ¡no había (4) _____ mesa para

nosotros! Tuvimos que esperar casi una hora para sentarnos. Nicolás estaba furioso y yo

(5) _____ me sentía un poco enojado. Pero lo peor fue la camarera; pasaba por

todas las mesas y (6) _____ miraba hacia la nuestra. Cuando por fin se apareció,

le pedimos unos vasos de agua, pero (7) _____ los trajo nunca. Creo que en El Tigre

(8) _____ persona se muere de sed...

2 Oraciones Completa las oraciones de una manera lógica. (4 x 1 pt. each = 4 pts.)

1. Yo nunca _____, ni siquiera cuando _____.

2. En mi casa hay algunas _____ pero no hay ningún _____.

3. Mi familia y yo siempre _____ algún _____.

4. Los fines de semana mis amigos/as jamás _____.

3 Conversaciones Escribe una oración o pregunta lógica para cada respuesta. ¡Sé creativo/a!
(3 x 1 pt. each = 3 pts.)

1. —_____

—Ni quiero verla ni hablar con ella.

2. —_____

—No, eso no lo sabe nadie.

3. —_____

—A mí tampoco.

4 Escribir Escribe cuatro oraciones para describir lo que (no) hay y lo que la gente (no) hace en tu clase de español. Utiliza por lo menos cuatro expresiones positivas y negativas.
(4 pts. for grammar + 3 pts. for style and creativity = 7 pts.)

_____

_____

_____

_____

_____

_____

_____

_____

_____

_____

_____

_____

_____

_____

_____

_____

_____

_____

_____

_____

_____

_____

_____

_____

Quizzes

ESTRUCTURA 5.3 Lección 5

Miniprueba A

1 Emparejar Empareja las frases de la columna A con las de la columna B para formar oraciones lógicas. (5 x 1 pt. each = 5 pts.)

A

_____ 1. En mi ciudad hay unas calles que

_____ 2. No hay ningún guía turístico que

_____ 3. Buscamos unas personas bilingües que

_____ 4. Mi tío quiere viajar en el tren que

_____ 5. Conozco a dos agentes que

B

a. me puede mostrar las ruinas.

b. sean trabajadoras.

c. tienen vista (*view*) al mar.

d. recorra todas las islas.

e. trabajan en la aduana.

f. sólo para en una ciudad.

2 Completar Completa las oraciones con la forma correcta del indicativo o del subjuntivo del verbo entre paréntesis. (5 x 1 pt. each = 5 pts.)

1. Este libro tiene un capítulo que _____ las teorías de Einstein. (explicar)

2. Quiero conseguir un trabajo que _____ bien. (pagar)

3. Hay unos señores muy viejos que _____ en esa casa. (vivir)

4. Los jefes no encuentran a nadie que _____ hacer el trabajo. (saber)

5. Necesitamos unos guías que _____ bien la zona. (conocer)

Nombre _____ Fecha _____

3 Conversación Completa la conversación con la forma correcta del indicativo o del subjuntivo del verbo apropiado. (6 x 1 pt. each = 6 pts.)

CLIENTE Perdone... ¿Hay alguien aquí que me (1) _____ (poder/necesitar) ayudar?

VENDEDORA Por supuesto. ¿En qué le puedo servir?

CLIENTE Busco regalos que (2) _____ (pedir/ser) apropiados para mi jefe.

Necesito algo que le (3)_____ (llegar/dar) una buena impresión de mí.

VENDEDORA ¿Quizás un bolígrafo?

CLIENTE Hmm... mi jefe ya tiene varios.

VENDEDORA Pues, vendemos unas carteras de cuero que (4) _____ (ser/hacer) de Italia. Mire, aquí hay una.

CLIENTE Es muy elegante, pero ¿hay algunas que (5) _____ (buscar/tener) mejor precio?

VENDEDORA Lo siento, señor. No hay ningún regalo aquí que (6) _____ (gastar/costar) menos de cien dólares.

4 Oraciones Forma oraciones completas con los elementos dados. Usa el subjuntivo o el indicativo y haz todos los cambios necesarios. (4 x 1 pt. each = 4 pts.)

1. mis padres / conocer / alguien / que / viajar / cada / semana

_____

2. nosotros / no encontrar / ninguno / médico / que / hacernos / caso

_____

3. ¿conocer / tú / alguno / restaurante / que / servir / comida / las 24 horas?

_____

4. yo / tener / unos amigos / que / soler / trasnochar

_____

ESTRUCTURA 5.3   Lección 5

Miniprueba B

1 Conversación Completa la conversación con las formas correctas del indicativo o del subjuntivo de los verbos de la lista. Puedes usar los verbos más de una vez. (6 x 1 pt. each = 6 pts.)

comprar	poder
costar	ser
dar	tener

CLIENTE Perdone... ¿Hay alguien aquí que me (1) _____ ayudar?

VENDEDORA Por supuesto. ¿En qué le puedo servir?

CLIENTE Busco regalos que (2) _____ apropiados para mi jefe.

Necesito algo que le (3) _____ una buena impresión de mí.

VENDEDORA ¿Quizás un bolígrafo?

CLIENTE Hmm... mi jefe ya tiene varios.

VENDEDORA Pues, vendemos unas carteras de cuero que (4) _____ de Italia. Mire, aquí hay una.

CLIENTE Es muy elegante, pero ¿hay algunas que (5) _____ mejor precio?

VENDEDORA Lo siento, señor. No hay ningún regalo aquí que (6) _____ menos de cien dólares.

2 Frases Completa las frases de manera lógica. Usa el indicativo o el subjuntivo, según corresponda. (6 x 1 pt. each = 6 pts.)

1. En la calle donde vivo no hay nadie que...

   _____

2. Conozco a algunos estudiantes que...

   _____

3. No encuentro un libro que...

   _____

4. Mi padre necesita un trabajo que...

   _____

5. Mis amigos buscan... que...

   _____

6. En mi tienda favorita venden unos/as... que...

   _____

3 La fama Imagina que eres una persona famosa y muy rica, y un reportero de televisión te ha pedido que describas lo positivo y lo negativo de tu fama. Escribe cuatro oraciones para cada categoría, usando oraciones subordinadas adjetivas (*adjective clauses*). ¡Sé creativo/a!

(4 pts. for grammar + 4 pts. for style and creativity = 8 pts.)

> **modelo**
>
> Tengo una casa enorme que está cerca de la playa.
> Busco un novio que me quiera de verdad.

Lo positivo:

_____

_____

_____

_____

_____

Lo negativo:

_____

_____

_____

_____

_____

CONTEXTOS

Lección 6

Miniprueba A

1 **¿Lógico o ilógico?** Decide si cada oración es **lógica (L)** o **ilógica (I)**. (5 x 1 pt. each = 5 pts.)

_____ 1. La erosión es cuando se recicla la tierra.

_____ 2. Si no quieres lavar los platos, puedes usar platos y vasos desechables.

_____ 3. Los conejos generalmente viven en el campo.

_____ 4. Cuando hay tormentas, me gusta mirar los truenos desde la ventana.

_____ 5. Es importante malgastar la capa de ozono.

2 **Completar** Completa el párrafo con las opciones apropiadas. (5 x 1 pt. each = 5 pts.)

Desde la (1) _____ (oveja/orilla) del mar se ven las plataformas petrolíferas

(*oil rigs*) que han construido las grandes corporaciones petroleras. Algunas personas están a favor de sacar

ese petróleo, pero yo creo que tenemos que buscar (2) _____ (nuevas

fuentes/nuevos peligros) de energía. Ahora mismo en el gobierno están debatiendo dedicar dinero al

(3) _____ (recurso/desarrollo) de carros que funcionan ¡nada más con aire! Yo

compraría uno de esos carros, porque no quiero (4) _____ (destruir/contribuir)

a la contaminación de nuestro (5) _____ (medio ambiente/terremoto).

3 Analogías Completa las analogías utilizando las palabras de la lista. No necesitas todas las palabras.
   (5 x 1 pt. each = 5 pts.)

agotarse	húmedo
combustible	paisaje
contaminar	proteger
cordillera	sequía

1. ave : pájaro :: conservar : _____

2. tóxico : saludable :: inundación : _____

3. aparecer : desaparecer :: seco : _____

4. árbol : bosque :: montaña : _____

5. tigres : extinguirse :: recursos naturales : _____

4 Definiciones Escribe el nombre de cada cosa o acción que se define. (5 x 1 pt. each = 5 pts.)

1. Es un lugar muy seco con muy poca lluvia anual. _____

2. Usas la boca y los dientes para hacer esto. _____

3. Cuando suben las temperaturas del planeta por la contaminación, produce esto. _____

4. Es una agrupación de corales en el mar. _____

5. Es la acción de buscar y matar animales. _____

CONTEXTOS

Miniprueba B

1 **¿Lógico o ilógico?** Decide si cada oración es **lógica** (**L**) o **ilógica** (**I**). Corrige las ilógicas.
(8 x 0.75 pt. each = 6 pts.)

_____ 1. Usas las manos para morder algo.

_____ 2. Si no quieres lavar los platos, puedes usar platos y vasos desechables.

_____ 3. Los conejos generalmente viven en el campo.

_____ 4. Cuando hay tormentas, me gusta mirar los truenos desde la ventana.

_____ 5. Es importante malgastar la capa de ozono.

_____ 6. Un desierto es un lugar muy seco.

_____ 7. Un paisaje es una agrupación de corales en el mar.

_____ 8. Atrapar es la acción de buscar y matar animales.

2 **Definir** Escribe definiciones para estas palabras. (5 x 1 pt. each = 5 pts.)

1. cordillera

2. dañino

3. renovable

4. serpiente

5. agotar

3 **Escribir** Si pudieras vivir en cualquier parte del mundo, ¿dónde vivirías? Escribe un párrafo para describir ese lugar: las características geográficas y naturales, los fenómenos del tiempo que suelen observarse allí, los animales que viven allí y si hay problemas ambientales.
(3 pts. for grammar + 6 pts. for vocabulary and style = 9 pts.)

ESTRUCTURA 6.1   Lección 6

Miniprueba A

1 Emparejar Empareja las frases de la columna A con las de la columna B para formar oraciones lógicas. (5 x 1 pt. each = 5 pts.)

A	**B**
_____ 1. Después de que se extingan los tigres blancos...	a. se acabará la sequía.
_____ 2. Las fábricas contaminarán los mares...	b. hasta que haya leyes para protegerlos.
_____ 3. En cuanto llueva...	c. tan pronto como se vaya el huracán.
_____ 4. Pasaremos el día en la costa...	d. cuando se mueran los arrecifes de coral.
_____ 5. Cuando haga calor...	e. todos nosotros nos arrepentiremos.
	f. iré a bucear.

2 Transformar Escribe las oraciones de nuevo, usando el tiempo futuro. (5 x 1 pt. each = 5 pts.)

1. Ustedes van a ser los primeros en ver el barco nuevo.

   _____

2. No vamos a caber todos en un solo carro.

   _____

3. Voy a mantenerme en contacto con Camilo.

   _____

4. ¿Vas a resolver el problema?

   _____

5. Lucía va a estar a dieta por dos semanas.

   _____

3 Completar El señor Calvo va a acompañar a algunos científicos a estudiar la naturaleza de su región. Completa lo que dice con la forma correcta del futuro del verbo apropiado. (6 x 1 pt. each = 6 pts.)

Mañana (nosotros) (1) _____ (llegar/salir) para el campo a las nueve. Primero

el doctor Herrera (2) _____ (devolver/recoger) unas muestras (*samples*) de tierra.

Más tarde, en su laboratorio, los científicos las (3) _____ (poner/valer) bajo un

microscopio para estudiarlas mejor. Mientras tanto, los asistentes del doctor Herrera

(4) _____ (morder/ir) al bosque para analizar la condición de los árboles. ¿Y yo?

Yo no (5) _____ (querer/hacer) mucho; sólo

(6) _____ (observar/destruir) el trabajo de ellos.

4 Oraciones Forma oraciones completas con los elementos dados. Usa el tiempo futuro y haz todos los cambios necesarios. (4 x 1 pt. each = 4 pts.)

1. tú / divertirse / durante / las vacaciones

   _____

2. ¿caer / nieve / en / las montañas?

   _____

3. usted / ver / los animales / de / la selva

   _____

4. ¿qué / decir / de mí / los vecinos?

   _____

| 83 | **Lección 6   Estructura 6.1**   Miniprueba A

Quizzes

ESTRUCTURA 6.1   Lección 6

Miniprueba B

1 Completar El señor Calvo va a acompañar a algunos científicos a estudiar la naturaleza de su región. Completa lo que dice con el futuro de los verbos de la lista. Algunos verbos se pueden usar más de una vez. No necesitas todos los verbos. (6 x 1 pt. each = 6 pts.)

destruir	poner
hacer	querer
ir	recoger
observar	salir

Mañana (nosotros) (1) _____ para el campo a las nueve. Primero el doctor Herrera

(2) _____ unas muestras (*samples*) de tierra. Más tarde, en su laboratorio, los

científicos las (3) _____ bajo un microscopio para estudiarlas mejor. Mientras

tanto, los asistentes del doctor Herrera (4) _____ al bosque para analizar la

condición de los árboles. ¿Y yo? Yo no (5) _____ mucho; sólo

(6) _____ el trabajo de ellos.

2 Frases Completa las frases de manera lógica. Usa el tiempo futuro. (6 x 1 pt. each = 6 pts.)

1. En cuanto (yo) salga de la escuela el viernes,...

   _____

2. Cuando me gradúe, mis padres...

   _____

3. Tan pronto como haga calor, mi hermano/a...

   _____

4. Hasta que no se busquen otras fuentes de energía,...

   _____

5. Esta noche, después de que mi familia y yo cenemos,...

   _____

6. Ahora mismo mis padres probablemente...

   _____

3 Escribir Imagina tu comunidad dentro de cincuenta años. ¿Cómo será? ¿Quiénes vivirán allí? ¿Estará contaminada, o habrá buenos programas de conservación? Escribe un párrafo breve y utiliza el tiempo futuro. (4 pts. for grammar + 4 pts. for style and creativity = 8 pts.)

_____

_____

_____

_____

_____

_____

_____

_____

_____

_____

_____

_____

_____

_____

_____

_____

_____

_____

_____

_____

_____

_____

_____

Quizzes

ESTRUCTURA 6.2   Lección 6

Miniprueba A

1 Emparejar Empareja las frases de la columna A con las de la columna B para formar oraciones lógicas.
(5 x 1 pt. each = 5 pts.)

A	**B**
_____ 1. Vamos a protestar hasta que	a. no me importa dejar de bucear.
_____ 2. Estos avisos son para	b. se reduzca la deforestación en los
_____ 3. Siempre que puedo,	bosques lluviosos.
_____ 4. Con tal de que se conserven los arrecifes,	c. tan pronto como se deje de contaminar.
_____ 5. Todos recogieron basura en la costa	d. criticar el malgasto de agua en este edificio.
	e. aunque hizo mal tiempo.
	f. reciclo las botellas y las latas.

2 Escoger Selecciona la forma adecuada del verbo para completar las oraciones. (5 x 1 pt. each = 5 pts.)

1. Llevaré todos los documentos en caso de que me _____ alguno.
   a. pidan
   b. piden
   c. pedir

2. Aunque _____ cientos de libros en mi casa, nunca los leo.
   a. haya
   b. hay
   c. hubo

3. Es imposible dar tu opinión sin _____ a alguien.
   a. ofender
   b. ofendas
   c. ofendes

4. Tan pronto como el detective vio la escena del crimen, _____ lo que pasó.
   a. sabe
   b. sepa
   c. supo

5. Voy a vender la computadora siempre que no _____ virus.
   a. tiene
   b. tener
   c. tenga

3 Conversaciones Completa las conversaciones con la opción correcta. (4 x 1 pt. each = 4 pts.)

1. —Has adelgazado, ¿verdad?

   —No. _____ (Luego que/A pesar de que) estoy a dieta, no he perdido ni un kilo.

2. —Sonia no tiene vergüenza.

   —Es capaz (*capable*) de decir cualquier cosa _____ (en caso de/con tal de) llamar la atención de todo el mundo.

3. —¿Van a comprar casa Jorge e Isabel?

   —Sí, Jorge me dice que quiere comprar _____ (antes de que/para que) suban los precios otra vez.

4. (*en el gimnasio*)

   —¡Shhh! ¿No sabes que se prohíbe hablar por teléfono aquí?

   —Lo siento. Es que yo siempre uso el celular _____ (a menos que/mientras que) hago ejercicio.

4 Completar Completa las oraciones con la forma correcta del indicativo, del subjuntivo o con el infinitivo del verbo entre paréntesis. (6 x 1 pt. each = 6 pts.)

1. ¿Es posible combatir el incendio sin que (yo) _____ ? (quemarse)

2. Carmen no trabajará el fin de semana aunque sus jefes le _____ extra. (pagar)

3. Cuando (yo) _____ este paisaje, pienso en ti. (mirar)

4. Siempre habrá contaminación a pesar de que nosotros _____ contra ella. (luchar)

5. Antes de _____, esta serpiente saca la lengua (*tongue*). (morder)

6. Después de que _____ todos los documentos, la jueza tomará su decisión. (leer)

ESTRUCTURA 6.2   Lección 6

Miniprueba B

1 Completar Completa las oraciones con la forma correcta del indicativo, del subjuntivo o con el infinitivo de los verbos de la lista. (6 x 1 pt. each = 6 pts.)

leer	morder
luchar	pagar
mirar	quemarse

1. Siempre habrá contaminación a pesar de que nosotros _____ contra ella.

2. Antes de _____ , esta serpiente saca la lengua (*tongue*).

3. ¿Es posible combatir el incendio sin que (yo) _____ ?

4. Después de que _____ todos los documentos, la jueza tomará su decisión.

5. Cuando (yo) _____ este paisaje, pienso en ti.

6. Carmen no trabajará el fin de semana aunque sus jefes le _____ extra.

2 Frases Completa las frases de manera lógica. Usa el indicativo, el subjuntivo o el infinitivo, según corresponda. (6 x 1 pt. each = 6 pts.)

1. Todas las tardes, después de... , yo...

   _____

2. Mi padre (madre) trabajará hasta que...

   _____

3. Quiero… en cuanto...

   _____

4. Mi mejor amigo/a siempre... mientras que...

   _____

5. Mi hermano/a necesita... para...

   _____

6. Todos debemos... en caso de que...

   _____

3 Una escuela "verde" ¿Existen medidas en tu escuela para proteger el medio ambiente? ¿Te parecen adecuadas? Explica tus opiniones sobre lo que hacen en tu escuela y luego describe las acciones que tú y tus amigos/as toman para conservar el medio ambiente. Utiliza las expresiones de la lista u otras.
(4 pts. for grammar + 4 pts. for style and creativity = 8 pts.)

a pesar de que	en cuanto
aunque	hasta que
antes (de) que	para (que)
cuando	siempre que
después (de) que	tan pronto como

_____

_____

_____

_____

_____

_____

_____

_____

_____

_____

_____

_____

_____

_____

_____

_____

_____

_____

_____

_____

_____

Quizzes

ESTRUCTURA 6.3   **Lección 6**

Miniprueba A

1 Escoger Selecciona la preposición correcta para completar las oraciones. Una **X** indica que no se necesita preposición. (5 x 1 pt. each = 5 pts.)

1. Si caminas _____ aquel edificio, verás la oficina de turismo.
   a. X
   b. con
   c. hacia

2. Claudia llamará _____ algún amigo.
   a. hacia
   b. a
   c. X

3. _____ abrir la puerta, Alberto vio que algo no estaba bien.
   a. A
   b. Al
   c. Con

4. Cuba está _____ noventa millas de los Estados Unidos.
   a. consigo
   b. X
   c. a

5. _____ lo fría que estaba el agua, nadie quiso nadar.
   a. A
   b. Hacia
   c. Con

2 Completar Completa el párrafo utilizando las palabras de la lista. Puedes usar cada una más de una vez. (7 x 1 pt. each = 7 pts.)

a	**con él**
al	**conmigo**
con	**hacia**

El fin de semana pasado mi mejor amiga Alicia y yo salimos (1) _____ bailar

(2) _____ nuestros novios. (3) _____ novio de Alicia le fascina

la salsa, así que bailamos en una discoteca que se llama Club Caribe. Pero después de unos diez minutos,

mi novio me dijo que ya no quería bailar más. (Yo) no lo entendía; (4) _____ lo

buena que estaba la música, ¿cómo que no quería bailar (5) _____? Caminamos

(6) _____ una mesa y allí me senté (7) _____. Luego

él me explicó que no se sentía bien.

3 Conversaciones Completa las conversaciones con las preposiciones apropiadas. Escribe una **X** si no se necesita ninguna. (8 x 1 pt. each = 8 pts.)

1. —Creo que voy a romper _____ Guillermo.

   —¿Por qué?

   —Necesito _____ una persona que me trate _____ más cariño.

2. —Pero ¿qué haces allí sentada?

   —Ah... er... em... es que iba _____ descansar un rato...

   —No hay tiempo para descansos. _____ limpiar!

3. —¿Cuándo empezó usted _____ enfermarse?

   —No sé exactamente. Creo que fue _____ mediados de mayo (*mid-May*).

4. —¿Para qué necesito esta tarjeta?

   —Usted la tiene que traer _____ cuando viene a sus citas.

ESTRUCTURA 6.3   Lección 6

Miniprueba B

1 Conversaciones Completa las conversaciones con las preposiciones apropiadas. Escribe una **X** si no se necesita ninguna. (8 x 1 pt. each = 8 pts.)

1. —¿Cuándo empezó usted _____ enfermarse?

   —No sé exactamente. Creo que fue _____ mediados de mayo (*mid-May*).

2. —Creo que voy a romper _____ Guillermo.

   —¿Por qué?

   —Necesito _____ una persona que me trate _____ más cariño.

3. —¿Para qué necesito esta tarjeta?

   —Usted la tiene que traer _____ cuando viene a sus citas.

4. —Pero ¿qué haces allí sentada?

   —Ah... er... em... es que iba _____ descansar un rato...

   —No hay tiempo para descansos. ¡ _____ limpiar!

2 Conversaciones Escribe una oración o pregunta lógica para cada respuesta. ¡Sé creativo/a! (3 x 2 pts. each = 6 pts.)

1. — _____

   —Ocurrió hacia la medianoche.

2. — _____

   —No, no vi a nadie.

3. — _____

   —Qué lástima. ¡Con lo mucho que estudiaste!

3 Escribir Describe a tu pareja ideal. Debes usar el subjuntivo y las preposiciones **a**, **hacia** y **con**.
(3 pts. for grammar + 3 pts. for style and creativity = 6 pts.)

> *modelo*
>
> Busco una chica inteligente que tenga confianza en
> sí misma... que salga a comer conmigo...

_____

_____

_____

_____

_____

_____

_____

_____

_____

_____

_____

_____

_____

_____

_____

_____

_____

_____

_____

_____

_____

_____

Quizzes

PRUEBA A

Lección 1
Las relaciones personales

1 ¡Un divorcio que funciona! Alberto y Elena están divorciados. Escucha su historia e indica si lo que afirman las oraciones es **cierto** o **falso**. (8 x 2 pts. each = 16 pts.)

	Cierto	Falso
1. Alberto es mentiroso e irresponsable.	—	—
2. Alberto y Elena se divorciaron hace cuatro años.	—	—
3. Ellos tienen tres hijos.	—	—
4. A Alberto y a Elena no les gusta discutir delante de sus hijos.	—	—
5. Los niños son cariñosos y responsables.	—	—
6. Alberto vive en las afueras de la ciudad.	—	—
7. Los fines de semana, Alberto va al zoológico con los niños.	—	—
8. Alberto y Elena se sienten muy orgullosos de sus hijos.	—	—

2 Esteban y su esposa Completa el texto utilizando palabras y frases de la lista. (9 x 2 pts. each = 18 pts.)

cariñosa	flexibles	rompe con
desánimo	le hacemos caso	se llevan
discuten	lo pasan bien	se siente agobiado
enamorados	marido	sueña con
está muy orgulloso de	mujer	tacaña

Esteban y su esposa son muy (1) _____, y por eso (2) _____ tan bien. Ellos son marido y (3) _____ y se conocen desde hace muchos años. Pocas veces (4) _____ y cuando lo hacen casi siempre es porque Esteban (5) _____ por el trabajo. Esteban (6) _____ su esposa porque ella tiene mucha paciencia y es muy (7) _____ La verdad es que los dos (8) _____ juntos y están muy (9) _____.

3 Busco una cita Completa el párrafo que Paula escribió con las formas apropiadas de **ser** y **estar**. (9 x 2 pts. each = 18 pts.)

Me llamo Paula y (1) _____ estudiante en la UNAM. (2) _____ en mi tercer año. (3) _____ una joven atractiva y simpática. Mis amigos piensan que (4) _____ un poco insegura, pero eso no (5) _____ verdad. Por lo general, (yo) (6) _____ una persona muy alegre, pero (7) _____ harta de no tener pareja. Si (tú) (8) _____ simpático, cariñoso y maduro, y no (9) _____ casado, escríbeme una carta. ¡Me encantaría conocerte!

4 En otra ciudad Carolina es colombiana pero vive en otra ciudad. Completa el texto con la forma apropiada del presente de los verbos entre paréntesis. (6 x 2 pts. each = 12 pts.)

Mi nombre es Carolina y soy de Colombia, pero ahora (1) _____ (vivir) en Buenos Aires, Argentina. Durante el día, estudio fotografía en la universidad y me gusta mucho mi carrera. Por la noche, trabajo en un restaurante. Aquí (2) _____ (conocer) a mucha gente y (3) _____ (tener) muchos amigos. Nosotros (4) _____ (ir) a museos, (5) _____ (ver) películas o salimos a bailar. Mi mejor amiga es de España. Se llama Emilia. Trabajamos juntas, pero ella (6) _____ (estudiar) en otra universidad. Aunque (*Although*) extraño mucho a mi familia y a mis amigos en Colombia, aquí en Argentina soy muy feliz.

5 ¿Qué están haciendo? Escribe dos oraciones sobre lo que ocurre en cada imagen. Usa el presente progresivo. (6 x 2 pts. each = 12 pts.)

estudiar   comer   llorar
discutir   leer   pensar

1.   2.   3.

Los niños les están pidiendo a los padres ir al parque.

1. _____
2. _____
3. _____

6 Para pensar Lee el texto y responde las preguntas.

"El número de parejas interculturales está en marcado aumento. ¿A qué se debe esta tendencia? Entre las causas más importantes están la globalización, la asimilación de los hijos de inmigrantes a la cultura estadounidense y el aumento en la edad promedio de las parejas al casarse."

¿Estás de acuerdo con esta cita (*quote*)? ¿Conoces ejemplos de parejas interculturales? Escribe seis oraciones como mínimo y expresa tu opinión con ejemplos.

(8 pts. for grammar + 8 pts. for vocabulary + 8 pts. for style = 24 pts.)

_____
_____
_____
_____
_____
_____
_____

Tests

PRUEBA B

Lección 1
Las relaciones personales

1 Una pareja en la universidad Amanda y Raúl son novios, pero estudian en ciudades distintas. Escucha su historia e indica si lo que afirman las oraciones es **cierto** o **falso**. (8 x 2 pts. each = 16 pts.)

	Cierto	Falso
1. Amanda es cariñosa, sensible y madura.	—	—
2. Raúl es serio y mentiroso.	—	—
3. Raúl y Amanda llevan un año de novios.	—	—
4. Ellos se mantienen en contacto casi todos los días.	—	—
5. Raúl y Amanda llevan separados dos años.	—	—
6. Raúl quiere proponerle matrimonio a Amanda.	—	—
7. Amanda cree que sus estudios son más importantes.	—	—
8. Raúl y Amanda discuten cuando hablan de matrimonio.	—	—

2 Sara y su esposo Completa este párrafo utilizando las palabras de la lista. No necesitas todas las palabras. (9 x 2 pts. each = 18 pts.)

adora	falsa	odian
cita	graciosa	sensatos
discuten	lo pasan	se llevan
triste	matrimonio	sueñan
educan	mentirosos	tacaña

Sara y su esposo son muy diferentes, pero (1) _____ muy bien; los dos son muy

(2) _____ y maduros, y por eso (3) _____ pocas veces. De hecho, los dos

(4) _____ discutir. Se conocen desde hace 20 años. Antes de casarse con Sara, él se sentía

(*was feeling*) solo y (5) _____, pero ahora está muy feliz con su esposa. Él

(6) _____ a Sara porque es una mujer muy fuerte y muy (7) _____ Ellos

(8) _____ muy bien juntos y (9) _____ a sus hijos con mucho amor.

3 Busco una cita Completa el párrafo con las formas apropiadas de **ser** y **estar**. (9 x 2 pts. each = 18 pts.)

Me llamo Juan Pablo y (1) _____ de Miami. Mis amigos (2) _____

orgullosos de mí porque (yo) (3) _____ muy sensato y maduro. Ellos

(4) _____ ansiosos por verme con una novia porque ahora (5) _____

un poco deprimido. ¿Crees que tú y yo (6) _____ una buena pareja? Si (tú)

(7) _____ simpática, cariñosa y madura, y (8) _____ sola, ¡ésta

(9) _____ tu oportunidad de conocerme!

4 Conocer gente nueva Lee este anuncio que fue enviado a una revista por estudiantes de una escuela secundaria de Boston. Completa el texto con la forma apropiada del presente de los verbos entre paréntesis. (6 x 2 pts. each = 12 pts.)

¡Nuevo club de español! (1) ¿ _____ (Tener) problemas para practicar tu español fuera de clase? (2) ¿ _____ (Necesitar) hablar más español para sacar mejores notas en tus clases? (3) ¿ _____ (Querer) conocer a amigos nuevos? A partir de la próxima semana, (4) _____ (comenzar) las reuniones del Club de español. Todos los jueves a las cinco de la tarde, nosotros nos (5) _____ (juntar) para conversar en español, escuchar música latina, comer deliciosa comida de los países hispanos y, lo más importante, ¡divertirnos mucho! ¿Por qué no (6) _____ (llamar) por teléfono o visitas nuestro sitio de Internet (www.elclublatino.com) para más información?

5 ¿Qué están haciendo? Escribe dos oraciones sobre lo que ocurre en cada imagen. Usa el presente progresivo. (6 x 2 pts. each = 12 pts.)

cantar	discutir	mirar
decir	escuchar	pedir

1. 2. 3.

El hombre está mirando a la mujer _____

1. _____
2. _____
3. _____

6 Para pensar Contesta las preguntas.

¿Existe en tu cultura la tradición del día de los enamorados? ¿Cómo se celebra? ¿Cuáles son las costumbres? Escribe seis oraciones como mínimo.

(8 pts. for grammar + 8 pts. for vocabulary + 8 pts. for style = 24 pts.)

_____
_____
_____
_____
_____
_____
_____
_____
_____
_____

Tests

PRUEBA C

Lección 1
Las relaciones personales

1 El nuevo professor César es un joven profesor que acaba de llegar a una universidad en Filadelfia para estudiar y aún no conoce a nadie. Escucha su primera conversación con Ana, una compañera de trabajo, y después responde a las preguntas usando oraciones completas. (7 x 2 pts. each = 14 pts.)

1. ¿De dónde viene César? _____

2. ¿Por qué César va a Filadelfia? _____

3. Según Ana, ¿cómo es la relación entre los profesores? _____

4. ¿Cuántos años llevan casados el señor y la señora Jiménez? _____

5. ¿Cómo es la personalidad del doctor Pacheco? _____

6. ¿Hay profesores jóvenes en la escuela? _____

7. ¿Qué piensa Ana del profesor Roberto Uría? ¿Por qué? _____

2 ¿Cómo son César y Ana? Describe las personalidades de César y de Ana de acuerdo con lo que escuchaste en la actividad anterior y con la información del cuadro. Escribe como mínimo siete oraciones completas. (7 x 2 pts. each = 14 pts.)

César	Ana
1. Se pone nervioso cuando conoce a personas nuevas.	1. Quiere ser comediante.
2. Quiere tener una familia con muchos hijos.	2. Le gusta ir a fiestas y salir con amigos.
3. No le gusta hablar en público.	3. Piensa que ella es muy joven para el matrimonio.

Creo que César es muy tímido porque...

_____

_____

_____

_____

3 El primer día Completa cada oración de la primera columna de forma lógica con la información de la segunda columna. Haz los cambios necesarios. (4 x 3 pts. each = 12 pts.)

1. La verdad es que los empleados de la revista _____.

2. Laura no puede venir mañana a trabajar porque _____.

3. Simón y Adriana dicen que el jefe _____.

4. La sección de farándula de Carla _____.

a. su hijo pequeño / estar / enfermo

_____

b. ser / personas aburridas

_____

c. ser / interesante / y / presentar / personas famosas

_____

d. ser / flexible y sensato

_____

Tests

4 La música Catalina ha escrito este artículo sobre el grupo de rock Las Almas. Completa el párrafo con la forma apropiada del verbo en el presente. (12 x 1.5 pts. each = 18 pts.)

Carlos, Lucas y Gustavo (1) _____ (ser) tres amigos que (2) _____ (formar) el grupo Las Almas. Los tres (3) _____ (llevarse bien) y (4) _____ (tener) muchos planes musicales para el futuro. Sus canciones (5) _____ (hablar) de temas universales como el amor, la inmigración y el racismo. Ellos (6) _____ (tocar) con pasión y entusiasmo y su banda (7) _____ (representar) la unión entre trabajo y amistad. Los tres miembros de Las Almas (8) _____ (decir) que el secreto de su éxito (9) _____ (ser) que ellos siempre (10) _____ (tener) tiempo para conversar. Además, con frecuencia (11) _____ (escuchar) música y (12) _____ (ir) juntos a los conciertos. ¡Mucha suerte para Las Almas!

5 Problemas de parejas Ana está muy enojada con su novio Pablo. Mira la fotografía y describe dónde están y qué están haciendo, utilizando elementos de la lista. Usa el presente progresivo y haz los cambios que sean necesarios. Escribe siete oraciones como mínimo. ¡Sé creativo/a! (7 x 3 pts. = 21 pts.)

aburrido/a	mirar la televisión todo el tiempo
autoritario/a	(no) hacer planes los fines de semana
discutir	Pasarlo bien/mal
mentiroso/a	

_____

_____

_____

_____

_____

6 Una declaración de amor Imagina que Danielito está enamorado de Susanita y quiere enviarle una carta de amor. Escribe una carta en la que Danielito le dice a Susanita lo que siente por ella. Utiliza el vocabulario de la lección y los verbos **ser** y **estar**. Escribe siete oraciones como mínimo.
(7 pts. for grammar + 7 pts. for vocabulary + 7 pts. for style = 21 pts.)

_____

_____

_____

_____

_____

_____

_____

_____

_____

_____

Tests

Nombre _____ Fecha _____

PRUEBA D

Lección 1
Las relaciones personales

1 **El nuevo estudiante** Tito es un estudiante puertorriqueño que acaba de llegar a una universidad en Washington D.C. para estudiar y aún no conoce a nadie. Escucha su primera conversación con Marta, otra estudiante, en el pasillo (*corridor*) de su residencia y después responde a las preguntas usando oraciones completas. (7 x 2 pts. each = 14 pts.)

    1. ¿De dónde viene Tito? _____

    2. ¿Por qué va a Washington D.C.? _____

    3. Según Marta, ¿cómo es la universidad? _____

    4. ¿Quiénes son Luis Menéndez y Marta Riesgo? _____

    5. ¿Cómo son Luis Menéndez y Marta Riesgo? _____

    6. ¿Qué piensa Marta de Miguel? ¿Por qué? _____

    7. ¿Cómo se siente ahora Tito? _____

2 **¿Cómo son Tito y Marta?** Describe las personalidades de Tito y de Marta de acuerdo con lo que escuchaste en la actividad anterior y con la información del cuadro. Escribe como mínimo siete oraciones completas. (7 x 2 pts. each = 14 pts.)

Tito	Marta
1. Se pone incómodo cuando habla con chicas. 2. Quiere sacar buenas notas y estudia todo el tiempo. 3. Se pone nervioso cuando tiene que hablar en la clase.	1. Quiere ser actriz cuando termine la universidad. 2. Pasa muchas horas mirando televisión. 3. No hace las tareas con frecuencia.

Creo que Tito es muy inseguro porque...

_____
_____
_____
_____

3 **El primer día** Completa cada oración de la primera columna de forma lógica con la información de la segunda columna. Haz los cambios necesarios. (4 x 3 pts. each = 12 pts.)

1. Tomás prepara unas enchiladas que _____.

2. Parece que la secretaria está un poco aburrida porque _____.

3. A veces todos se ponen nerviosos porque la revista no _____.

4. La directora no puede venir mañana a trabajar porque _____.

    a. ser / muy ricas
    _____

    b. hoy / no tener / trabajo
    _____

    c. su hija mayor / estar / enferma
    _____

    d. estar lista / a tiempo
    _____

Tests

    | 100 | **Lección 1** Prueba D

4 La música Celia ha escrito este artículo sobre el grupo Los Cisnes. Completa el párrafo con la forma apropiada del verbo en el presente. (12 x 1.5 pts. each = 18 pts.)

Carlos, Lucas y Gustavo (1) _____ (ser) tres latinoamericanos que (2) _____ (formar) parte del grupo Los Cisnes. Ellos (3) _____ (sentir) pasión y entusiasmo por la música y (4) _____ (querer) seguir tocando juntos en el futuro. Sus canciones (5) _____ (tratar) de temas sociales comprometidos. Ellos (6) _____ (decir) que el trabajo y la amistad a veces (7) _____ (ir) juntos. Los tres miembros de Los Cisnes (8) _____ (contar) que el secreto de su éxito (9) _____ (ser) que ellos siempre (10) _____ (conversar) mucho y con frecuencia (11) _____ (salir) juntos para pasarlo bien y no (12) _____ (hablar) del trabajo. ¡Mucha suerte para Los Cisnes!

5 Problemas de parejas Pamela está muy enojada con su novio Miguel. Mira la imagen y describe dónde están y qué están haciendo, utilizando elementos de la lista. Usa el presente progresivo y haz los cambios que sean necesarios. Escribe siete oraciones como mínimo. ¡Sé creativo/a! (7 x 3 pts. = 21 pts.)

aburrido/a
deprimido/a
solo/a
discutir

hablar con los/las amigos/as por teléfono todo el tiempo
no acordarse de su aniversario
sentirse fatal

_____
_____
_____
_____
_____

6 Una declaración de amor Después de muchos años juntos, Carlos y Matilde todavía están enamorados. Escribe una carta en la que Matilde le declara a Carlos el amor que todavía siente por él. Utiliza el vocabulario de la lección y los verbos **ser** y **estar**. Escribe siete oraciones como mínimo. (7 pts. for grammar + 7 pts. for vocabulary + 7 pts. for style = 21 pts.)

PRUEBA E

Lección 1
Las relaciones personales

1 Busco compañera Completa el texto con la palabra adecuada de la lista. (5 x 2 pts. each = 10 pts.)

> divorciado   gracioso   sensible   solo   tradicional

Me llamo Julio, tengo treinta años y soy de Santiago de Chile. Busco una compañera que sea
(1) _____ y cariñosa. Hace poco tiempo me divorcié de mi mujer, es decir, soy
(2) _____, y me siento (3) _____ sin pareja. Soy un hombre maduro y un poquito
(4) _____: quiero casarme de nuevo y tener muchos hijos. Mis amigos dicen que soy muy
tranquilo, pero también (5) _____ porque cuento chistes (*tell jokes*) todo el día. Si quieres
conocerme, escríbeme un correo electrónico a julio88@parejas.com.

2 ¿Lógico o ilógico? Indica si las siguientes oraciones son lógicas o ilógicas. (5 x 2 pts. each = 10 pts.)

1. Leticia está preocupada por no tener trabajo y se siente agobiada por la situación. _____

2. Daniel es muy tímido: le parece muy fácil hablar con otras personas. _____

3. Después de llevar diez años de casados, Hernán le propuso matrimonio a Elena. _____

4. El cariño y la confianza son la causa de todos los divorcios. _____

5. No es fácil superar un divorcio si sigues enamorado de tu pareja. _____

3 Telenovela Elige la palabra lógica para completar las oraciones. (5 x 2 pts. each = 10 pts.)

1. El protagonista de mi telenovela favorita, Salvador, siempre _____ con todas las mujeres.

   a. educa   b. odia   c. coquetea

2. Sus parejas se enojan mucho por esto y él _____ con ellas, porque no le gustan las chicas celosas.

   a. rechaza   b. rompe   c. sale

3. Todas las chicas están enamoradas de él. Ninguna lo _____.

   a. rechaza   b. cuida   c. sueña

4. Y todas _____ con ser su esposa algún día.

   a. discuten   b. salen   c. sueñan

5. Pero lo que no saben es que él nunca les _____ matrimonio.

   a. propondrá   b. cuidará   c. soportará

4 Elegir Elige la opción correcta para completar las oraciones. (5 x 2 pts. each = 10 pts.)

es falso y mentiroso	nos llevamos fatal	tiene vergüenza de eso
lo pasa bien	nos mantenemos en contacto	

1. Mi hermana canta muy mal, pero no _____.

2. Romina no soporta al novio de su amiga porque _____.

3. En las citas a ciegas, Natalia se pone muy nerviosa pero generalmente _____.

4. Sandra y yo éramos muy amigas, pero desde hace un año _____.

5. Tomás y yo no nos vemos mucho, pero siempre _____.

5 Completar Completa las oraciones con los verbos en presente. (5 x 2 pts. each = 10 pts.)

1. Clarisa _____ (pensar) que la decoración de la cocina es horrible.

2. David, ¿_____ (tener) ganas de salir conmigo a comer algo?

3. ¿Usted _____ (estar) contento con su trabajo?

4. ¿Conoces los poemas de Pablo Neruda? Yo no los _____ (conocer).

5. Yo _____ (venir) de Bogotá, Colombia. ¿Y tú?

6 Responder Contesta las preguntas siguiendo el modelo. (5 x 2 pts. each = 10 pts.)

> *modelo*
> —¿Conoces a estas personas?
> —No, no las **conozco**.

1. —¿Sales esta noche?
   —No, hoy no _____.

2. —¿Puedes ayudarme a subir las maletas?
   —Sí, _____ ayudarte.

3. —¿Tenemos libre este sábado?
   —Tú sí _____ tiempo libre. Yo tengo que trabajar.

4. —¿Propones a Juan como presidente de la clase?
   —No, yo _____ a Susana.

5. —¿No estás harta del mal tiempo?
   —Sí, ¡_____ harta!

| 103 | **Lección 1** Prueba E

Tests

7 *¿Ser o estar?* Juliana y Cintia hablan sobre sus planes de fin de semana. Completa las oraciones con la opción correcta. (10 x 2 pts. each = 20 pts.)

CLARA Hola, Juliana, ¿cómo (1) _____ (estás/ eres)?

JULIANA Muy bien, gracias. Oye, este sábado (2) _____ (es/ está) la fiesta de cumpleaños de Maite. ¿Quieres venir?

CLARA ¿De Maite? ¡(3) _____ (Es/ Está) imposible! Su cumpleaños fue hace dos meses.

JULIANA No, (4) _____ (soy / estoy) hablando de Maite Guindo, la camarera del bar, ¿sabes quién es?

CLARA Ay, creo que (5) _____ (estoy / soy) confundida. ¿Dices la rubia de pelo largo?

JULIANA Esa misma. Bueno, ¿quieres venir a la fiesta?

CLARA Este sábado no (6) _____ (estoy / soy) libre. Tengo que ir a la casa de mi tía a cuidar a mi prima.

JULIANA ¡Tú sí que (7) _____ (eres / estás) buena!

CLARA Bueno, creo que (8) _____ (soy / estoy) un poco tonta. ¡Hago el trabajo de una niñera (*babysitter*) sin recibir ni un centavo!

JULIANA Vamos, vente conmigo. Ya le compré un regalo: (9) _____ (está / es) un libro de Isabel Allende.

CLARA Bueno, voy entonces. Hablaré con mi tía. (10) _____ (Estoy / Soy) segura de que no tendrá problema.

8 Oraciones Completa las oraciones con los verbos en presente progresivo. Sigue el modelo.
(10 x 2 pts. each = 20 pts.)

> *modelo*
> Joaquín / quejarse / de todo
> Joaquín **está quejándose** de todo. (estar)
> Joaquín **sigue quejándose** de todo. (seguir)

1. Carlitos / dormir / profundamente
   Carlitos _____ profundamente. (estar)
   Carlitos _____ profundamente. (continuar)

2. Mis abuelos / aprender / a usar el teléfono móvil
   Mis abuelos _____ a usar el teléfono móvil. (estar)
   Mis abuelos _____ a usar el teléfono móvil. (ir)

3. Liliana y su jefe / discutir / todo el día
   Liliana y su jefe _____ todo el día. (estar)
   Liliana y su jefe _____ todo el día. (andar)

4. Mi compañera de cuarto / decir / que se mudará pronto
   Mi compañera de cuarto _____ que se mudará pronto. (estar)
   Mi compañera de cuarto _____ que se mudará pronto. (andar)

5. El público / aplaudir / al artista
   El público _____ al artista. (estar)
   El público _____ al artista. (seguir)

Tests

PRUEBA A

Lección 2
Las diversiones

1 Cierto o falso Vas a escuchar a Marco hablar sobre sus actividades. Indica si lo que dicen las oraciones es **cierto** o **falso**. (6 x 2 pts. each = 12 pts.)

	Cierto	Falso
1. Marco es un chico muy activo.	—	—
2. Marco es miembro del club de béisbol.	—	—
3. Los sábados por la mañana va a ver un partido de fútbol.	—	—
4. Marco y sus amigos a veces juegan al billar.	—	—
5. Los sábados por la noche, Marco vuelve a casa temprano.	—	—
6. Cuando vuelve al trabajo el lunes por la mañana, está cansado.	—	—

2 Vocabulario Empareja cada palabra de la primera columna con la frase de la segunda columna con la que mejor se relaciona. (8 x 1.5 pts. each = 12 pts.)

1. _____ el circo
2. _____ el espectador
3. _____ las entradas
4. _____ el escenario
5. _____ el zoológico
6. _____ perder un partido
7. _____ aburrirse
8. _____ aficionado

a. el admirador de un cantante o actor
b. lo contrario de pasarlo bien
c. un lugar donde actúan payasos y trapecistas (*trapeze artists*)
d. lo contrario de ganar un partido
e. las compro para entrar al cine o al teatro
f. la persona que va al cine o al teatro
g. el lugar donde actúan los artistas
h. en este lugar hay muchos animales

3 Oraciones Escribe cinco oraciones originales combinando los elementos de las tres columnas. (5 x 3 pts. each = 15 pts.)

yo	aburrir	mis/tus/sus amigos
tú	encantar	ganar/perder
los deportistas	importar	divertirse
mis amigos y yo	hacer falta	hacer cola
Harry Potter	molestar	jugar billar

1. _____
2. _____
3. _____
4. _____
5. _____

4 Complemento directo e indirecto Contesta las preguntas sustituyendo las palabras subrayadas con pronombres de complemento directo e indirecto. (6 x 2 pts. each = 12 pts.)

> *modelo*
>
> ¿<u>Me</u> prestas <u>el libro</u>?
>
> *Sí, **te lo presto.***

1. ¿Quieren ganar Uds. <u>este partido</u>? Sí, _____.
2. ¿Vas a comprar<u>le esos CD</u> <u>a Emilia</u>? Sí, _____.
3. ¿<u>Me</u> das <u>tu opinión</u> sobre el espectáculo? Sí, _____.
4. ¿<u>Nos</u> va a recomendar Marta <u>estas películas</u>? No, no _____.
5. ¿Siempre celebran tus padres <u>su aniversario</u>? Sí, siempre _____.
6. ¿Tiene Gabriel que ver <u>esa obra de teatro</u>? No, no _____.

5 Tu rutina Escribe una composición sobre tu rutina diaria. Usa oraciones completas con al menos seis verbos reflexivos distintos. (6 x 4 pts. = 24 pts.)

_____

_____

_____

_____

_____

_____

_____

6 Para pensar Lee el texto y contesta las preguntas.

"Gael García Bernal es una de las figuras más representativas del cine mexicano contemporáneo…participa en algunas de las películas más emblemáticas del cine en español de los últimos años: *Amores perros, Y tu mamá también* y *Diarios de motocicleta*. Actualmente, Gael trabaja también del otro lado de las cámaras como director y productor."

¿Quién es tu artista favorito? ¿En qué tipo de películas trabaja? ¿Qué otras actividades hace además de hacer películas? Escribe seis oraciones como mínimo.

(8 pts. for grammar + 8 pts. for vocabulary + 9 pts. for style = 25 pts.)

_____

_____

_____

_____

_____

_____

_____

_____

Tests

PRUEBA B

Lección 2
Las diversiones

1 Cierto o falso Vas a escuchar a Roberto hablar sobre sus actividades. Indica si lo que dicen las oraciones es **cierto** o **falso**. (6 x 2 pts. each = 12 pts.)

	Cierto	Falso
1. A Roberto no le gusta estar tranquilo.	—	—
2. Roberto es miembro del club de béisbol.	—	—
3. Roberto mira partidos de tenis cuando termina de estudiar.	—	—
4. Roberto y sus amigos a veces van al cine.	—	—
5. Los sábados por la noche, Roberto vuelve a casa muy tarde.	—	—
6. Los domingos, Roberto va a la biblioteca.	—	—

2 Vocabulario Empareja cada palabra de la primera columna con la frase de la segunda columna con la que mejor se relaciona. (8 x 1.5 pts. each = 12 pts.)

1. _____ el cantante
2. _____ el deportista
3. _____ el festival de cine
4. _____ brindar
5. _____ el club deportivo
6. _____ ganar un partido
7. _____ divertirse
8. _____ celebrar

a. dar un fiesta o reunirse para una ocasión especial
b. pasarlo bien
c. una persona que da conciertos y es popular
d. lo contrario de perder un partido
e. se proyectan muchas películas interesantes
f. practica deportes y es atlético
g. levantar una copa (*glass*) en honor a alguien
h. los socios pueden practicar deportes y nadar en la piscina

3 Oraciones Escribe cinco oraciones originales combinando los elementos de las tres columnas. (5 x 3 pts. each = 15 pts.)

yo	disgustar	ver películas tontas (*silly*)
tú	fascinar	mis/tus/sus amigos
los cantantes	importar	participar en festivales de cine
mi padre y yo	interesar	divertirse
Gael García Bernal	hacer falta	ir a conciertos

1. _____ .
2. _____ .
3. _____ .
4. _____ .
5. _____ .

4 Complementos directo e indirecto Contesta las preguntas sustituyendo las palabras subrayadas con pronombres de complemento directo e indirecto. (6 x 2 pts. each = 12 pts.

> *modelo*
>
> ¿<u>Me</u> prestas <u>el libro</u>?
>
> *Sí,* ***te lo presto.***

1. ¿Quieren perder Uds. <u>este partido</u>? No, no _____.

2. ¿<u>Le</u> compran sus padres <u>esos discos</u> <u>a María</u>? Sí, _____.

3. ¿<u>Les</u> vas a dar <u>tu opinión</u> sobre el espectáculo? Sí, _____.

4. ¿<u>Nos</u> va a recomendar Diana <u>estas películas</u>? No, no _____.

5. ¿Siempre celebran Uds. <u>su cumpleaños</u> aquí? Sí, siempre _____.

6. ¿<u>Le</u> cuentas <u>esos chistes</u> <u>a Pedro</u>? No, no _____.

5 Tu rutina Escribe una composición sobre la rutina diaria del fin de semana de alguien a quien conoces bien. Usa al menos seis verbos reflexivos distintos. (6 x 4 pts. each = 24 pts.)

_____

_____

_____

_____

_____

_____

_____

6 Para pensar Lee el texto y contesta las preguntas.

"México vivió la época dorada de su cine en los años cuarenta. Pasada esa etapa (*era*), la industria cinematográfica mexicana perdió fuerza. Ha tardado casi medio siglo en volver a brillar, pero hace una década volvió al panorama internacional con gran vigor (*energy*)… En 2014, Alfonso Cuarón se convirtió en el primer director mexicano en ganar un premio Óscar con la aventura espacial *Gravity*"

¿Te gusta el cine mexicano? ¿De dónde provienen la mayoría de las películas que tú miras? ¿Te gusta ver películas en otros idiomas a pesar de (*despite*) los subtítulos? ¿Por qué? ¿Cuál es tu película extranjera favorita? Escribe seis oraciones como mínimo.

(8 pts. for grammar + 8 pts. for vocabulary + 9 pts. for style = 25 pts.)

_____

_____

_____

_____

_____

_____

_____

_____

_____

_____

Tests

PRUEBA C

Lección 2
Las diversiones

1 Una chica muy ocupada Amanda es una joven muy activa. Escucha lo que ella nos dice y después responde a las preguntas con oraciones completas. (7 x 2 pts. each = 14 pts.)

1. ¿Cuántos años tiene Amanda? _____
2. ¿Qué cosas le encanta hacer? _____
3. ¿A qué hora se levanta normalmente? _____
4. ¿Qué deportes practica? _____
5. ¿Qué actividades tiene Amanda por las tardes? _____
6. ¿Para qué quiere aprender francés? _____
7. ¿Qué hace Amanda los fines de semana? _____

2 Vocabulario Completa las oraciones con la palabra correcta. (8 x 2 pts. each = 16 pts.)

aficionado/a	cantante	empatar	taquilla
ajedrez	cartas	entradas	teatro
animado/a	discos	parque de atracciones	torneo

1. El partido estuvo muy _____. La gente no paraba de gritar.
2. Hoy es el estreno. Debemos llegar pronto o no vamos a conseguir _____.
3. Marta es una gran _____ al fútbol y siempre va a todos los partidos.
4. Me encanta visitar la casa del terror en el _____.
5. No me gusta hacer cola, excepto para ver a mi _____ favorita.
6. Mi pasatiempo preferido es jugar a las _____.
7. El _____ es un juego de concentración.
8. Al chico de la _____ ya no le quedaban entradas.

3 Preguntas Escribe preguntas lógicas para estas respuestas. El significado de los pronombres subrayados debe estar claro en tus preguntas. (8 x 2 pts. each = 16 pts.)

modelo

Se lo presté a mi hermano.

¿A quién le prestaste el libro?

1. Los vi en una tienda. _____
2. No, mi hermano nunca me lo presta. _____
3. Los alquilo siempre en el videoclub. _____
4. Sí, te los recomiendo. _____
5. Tengo que comprarla mañana. _____
6. Me la contó Juan. _____
7. No, no te la recomiendo. _____
8. Les compré boletos para el partido. _____

4 Los estereotipos Existen estereotipos culturales sobre lo que les gusta o no les gusta a diferentes personas, nacionalidades, profesiones, sexos, etc. Escribe siete oraciones lógicas combinando los elementos de las dos columnas. (7 x 2 pts. each = 14 pts.)

los mexicanos	gustar
los estadounidenses	encantar
los deportistas	importar
los profesores	interesar
los adolescentes	preocupar
los periodistas	hacer falta
los músicos de bandas	caer bien/mal
de rock	

1. _____
2. _____
3. _____
4. _____
5. _____
6. _____
7. _____

5 La rutina diaria de un famoso Imagina la rutina diaria de un personaje famoso. Escribe una composición de ocho oraciones utilizando al menos seis verbos reflexivos distintos. (8 x 2 pts. each = 16 pts.)

_____
_____
_____
_____
_____
_____
_____

6 Tu opinion Lee este fragmento de un artículo.

"…a algunas personas les indigna la idea machista de que sólo un hombre tiene la fuerza y el coraje para lidiar (*bullfight*). Las toreras pioneras como Juanita Cruz tuvieron que coserse (*sew*) su propio traje de luces (*bullfighter's outfit*), con falda en vez de pantalón (…). Incluso en tiempos recientes, algunos toreros célebres, como el español Jesulín de Ubrique, se han negado a lidiar (*fight bulls*) junto a una mujer."
Piensa en estas preguntas: ¿Crees que hay deportes o formas artísticas que son sólo para hombres o sólo para mujeres? ¿Cuál es la situación de la mujer en el deporte en tu país? Escribe una composición sobre este tema en una hoja aparte. Expresa tu opinión y da ejemplos. (8 pts. for grammar + 8 pts. for vocabulary + 8 pts. for style = 24 pts.)

Nombre _____ Fecha _____

PRUEBA D

Lección 2
Las diversiones

1 Sandra siempre está ocupada Sandra es una joven muy dinámica. Escucha lo que nos dice y después responde a las preguntas con oraciones completas. (7 x 2 pts. each = 14 pts.)

1. ¿Cuántos años tiene Sandra? _____
2. ¿Qué cosas le encanta hacer? _____
3. ¿Qué tipo de música le gusta bailar? _____
4. ¿Qué deportes practica? _____
5. ¿Qué actividades tiene Sandra por las tardes? _____
6. ¿Para qué quiere aprender alemán? _____
7. ¿Qué hace Sandra los fines de semana para relajarse? _____

2 Vocabulario Completa las oraciones con la palabra correcta. (8 x 2 pts. each = 16 pts.)

aficionado/a	concierto	equipo	parque de atracciones
animado/a	dar un paseo	estreno	pasatiempo
brindar	dardos	hacer cola	teatro

1. El partido estuvo muy _____ La gente no paraba de gritar.
2. Hoy es el _____ de la película y todo el mundo quiere verla.
3. Mari es aficionada al fútbol y va a todos los partidos de su _____ favorito.
4. Me encanta visitar la casa del terror en el _____.
5. Para conseguir entradas para el concierto, Estela tuvo que _____.
6. Mi _____ preferido es jugar a las cartas.
7. Me encanta _____ por el parque los domingos.
8. ¡Ya tengo entradas para el _____ de rock!

3 Preguntas Escribe preguntas lógicas para estas respuestas. El significado de los pronombres subrayados debe estar claro en tus preguntas. (8 x 2 pts. each = 16 pts.)

modelo

Se lo presté a mi hermano.

¿A quién le prestaste el libro?

1. Las vi en el supermercado. _____
2. No, mi hermano nunca me los presta. _____
3. Los como siempre en el restaurante. _____
4. Sí, te la recomiendo. _____
5. Tengo que depositarlo en el banco. _____
6. Me la contó Guillermo. _____
7. Sí, te lo recomiendo. _____
8. Les compré un libro. _____

Tests

4 Los estereotipos Existen estereotipos culturales sobre lo que les gusta o no les gusta a diferentes personas, nacionalidades, profesiones, sexos, etc. Escribe siete oraciones lógicas combinando los elementos de las dos columnas. (7 x 2 pts. each = 14 pts.)

los americanos	gustar
los españoles	encantar
los italianos	importar
yo	interesar
mi madre/mi padre	preocupar
los políticos	hacer falta
los ecologistas	caer bien/mal

1. _____
2. _____
3. _____
4. _____
5. _____
6. _____
7. _____

5 La rutina diaria de un famoso Imagina un día de la rutina diaria de un personaje famoso. Escribe una composición de ocho oraciones utilizando al menos seis verbos reflexivos distintos. (8 x 2 pts. each = 16 pts.)

_____
_____
_____
_____
_____
_____
_____
_____

6 Para pensar Lee esta cita del texto sobre el cine mexicano.

"En 1992, *Como agua para chocolate* de Alfonso Arau batió récords de taquilla. Esta película, que puso en imágenes el realismo mágico (*magic realism*) que tanto éxito tenía en la literatura, despertó el interés por el cine mexicano. Las películas empezaron a disfrutar de una mayor distribución y muchos directores y actores se convirtieron en estrellas internacionales."

Piensa en estas preguntas: ¿Qué piensas de la industria cinematográfica de tu país? ¿Es popular en tu país? ¿Y en el resto del mundo? ¿Qué tipos de películas son populares en tu cultura? Escribe una composición sobre este tema en una hoja aparte. Expresa tu opinión y da ejemplos.

(8 pts. for grammar + 8 pts. for vocabulary + 8 pts. for style = 24 pts.)

Tests

PRUEBA E

Lección 2
Las diversiones

1 Escoger Completa las oraciones con la palabra correcta. (5 x 2 pts. each = 10 pts.)

ajedrez	asiento	boliche	campeonato	equipo

1. De todos los juegos de mesa, mi favorito es el _____.

2. Juana consiguió un _____ en la primera fila (*row*) para el concierto de Shakira.

3. El entrenador de nuestro _____ es muy divertido y nos gusta mucho.

4. ¿Quieres venir con nosotros a jugar al _____ el domingo? Si no tienes zapatos, puedes alquilar unos en el club.

5. Si jugamos tan bien como el año pasado, volveremos a ganar el _____.

2 Definiciones Indica qué palabra corresponde a cada definición. (5 x 2 pts. each = 10 pts.)

1. Parte del televisor donde aparece la imagen: _____.

   a. taquilla   b. película   c. pantalla   d. función

2. Edificio donde tiene lugar una corrida: _____.

   a. plaza de toros   b. feria   c. parque de atracciones   d. asiento

3. Disco compacto de un artista: _____.

   a. conjunto musical b. álbum   c. estreno   d. festival

4. Persona que hace respetar las reglas de un partido: _____.

   a. campeón   b. espectador   c. entrenador   d. árbitro

5. Partido en que ningún equipo gana: _____.

   a. juego de mesa   b. torneo   c. empate   d. campeonato

3 Completar Completa las oraciones con los verbos de la lista. Usa cada verbo una sola vez.
(5 x 2 pts. each = 10 pts.)

alquilar	anotar	brindar	disfrutar	ganar

1. A dos minutos de terminar el partido, nuestro mejor jugador pudo _____ el gol de la victoria.

2. ¿Qué te parece quedarnos hoy en casa y _____ una película?

3. Las playas del Caribe son ideales para _____ en familia.

4. Marcamos muchos goles en los últimos tres partidos, pero no pudimos _____ el torneo.

5. Tenemos que _____ por el exitoso estreno de tu obra.

4 No pertenece Indica qué palabra no pertenece a cada grupo. (5 x 2 pts. each = 10 pts.)

1. a. imagen   b. pantalla   c. televisor   d. cartas

2. a. feria   b. dardos   c. billar   d. naipes

3. a. músico   b. álbum   c. ruedo   d. concierto

4. a. circo   b. lidiar   c. torear   d. ruedo

5. a. entretenerse   b. disfrutar   c. aburrirse   d. divertirse

5 Responder Completa las respuestas con el pronombre de complemento directo e indirecto adecuado. Sigue el modelo. (5 x 4 pts. each = 20 pts.)

modelo
¿Ganaron ustedes el campeonato de verano?
—Sí, <u>lo</u> ganamos.
—No, no pudimos <u>ganarlo</u>.

1. ¿Limpió Camila la mesa?

    —Sí, _____ limpió.

    —No, no pudo _____.

2. ¿Atendieron los médicos a los pacientes con rapidez?

    —Sí, _____ atendieron con rapidez.

    —No, no pudieron _____ con rapidez.

3. ¿Subieron las exploradoras la montaña en dos días?

    —Sí, _____ subieron en dos días.

    —No, no pudieron _____ en dos días.

4. ¿Saludaste a mis padres antes de irte?

    —Sí, _____ saludé antes de irme.

    —No, no pude _____ antes de irme.

5. ¿Vendieron tus hermanos las bicicletas a buen precio?

    —Sí, _____ vendieron a buen precio.

    —No, no pudieron _____ a buen precio.

Tests

Nombre _____ Fecha _____

6 Oraciones incompletas Selecciona la opción adecuada para completar las oraciones.
(5 x 2 pts. each = 10 pts.)

1. Usted nos pidió disculpas por su error. Eso sí, _____ pidió demasiado tarde.

   a. se los   b. se la   c. nos las

2. El cliente no me pagó el último trabajo, pero dijo que _____ pagará la semana próxima.

   a. nos las   b. me lo   c. se las

3. José les lee cuentos a sus hijos todas las noches, pero ayer no _____ leyó.

   a. se los   b. se la   c. se las

4. Paola consiguió entradas para el espectáculo de ballet y _____ regaló a las niñas de su barrio.

   a. se los   b. se la   c. se las

5. Julieta llegó tarde al cine y se perdió la función de su película favorita. Hoy no _____ perderá.

   a. se la   b. nos las   c. nos lo

7 Oraciones Completa las oraciones con los verbos de la lista en presente. Usa cada verbo una sola vez.
(5 x 2 pts. each = 10 pts.)

aburrir   doler   faltar   fascinar   molestar

1. Usted dice que desde ayer le _____ la espalda y el cuello. ¿Por qué no pide una cita con el médico?

2. Los partidos de béisbol son poco entretenidos. ¿Ustedes se _____ tanto como yo?

3. A mi novia le _____ las novelas. En su habitación tiene una biblioteca con decenas de ellas.

4. No invitaré a Julia al cine. ¡Me _____ muchísimo que hable durante la función!

5. Me _____ los apuntes (notes) de matemáticas. ¿Los has visto por algún lugar?

8 ¿Reflexivo o no? Selecciona la opción correcta para completar cada oración.
(10 x 2 pts. each = 20 pts.)

1. Tu hermano _____ a ese famoso actor, Gael García Bernal.

   a. se parece   b. parece

2. Los actores _____ a sus espectadores con canciones y bailes.

   a. divirtieron   b. se divirtieron

3. Macarena se acostó en la cama y _____ al instante.

   a. durmió   b. se durmió

4. Mis vecinos _____ trajes muy elegantes para la fiesta de Año Nuevo.

   a. visten   b. se visten

5. Por favor, _____ los zapatos al entrar a casa.

   a. quiten   b. quítense

6. Para la entrevista _____ una camisa blanca y una corbata azul.

   a. pondré   b. me pondré

7. El entrenador _____ con el club que seguiría trabajando hasta el final del campeonato.

   a. se acordó   b. acordó

8. Señor González, _____ muy cansado, ¿se siente bien?

   a. parece   b. se parece

9. Te lo dije más de una vez: ¡_____ los pies de arriba de la mesa!

   a. quítate   b. quita

10. ¿_____ de Roberto, mi compañero de la universidad? Ahora es nuestro vecino.

   a. Acuerdas   b. Te acuerdas

PRUEBA A

Lección 3
La vida diaria

1 Un anuncio Alejandra ha escrito un anuncio clasificado para buscar una empleada o un empleado doméstico. Escucha el anuncio y después indica la respuesta correcta para cada pregunta.
(4 x 3 pts. each = 12 pts.)

    1. ¿Cuántas personas hay en la familia de Alejandra?
      a. dos   b. cuatro   c. seis

    2. ¿Qué tareas domésticas debe hacer la persona que va a trabajar para la familia?
      a. hacer la limpieza y cocinar   b. enseñarles a los niños   c. limpiar los cristales

    3. ¿Cómo debe ser la personalidad de la persona?
      a. tolerante y abierta   b. responsable y flexible   c. poco sociable

    4. ¿Qué horario va a tener el/la empleado/a?
      a. veinte horas a la semana   b. treinta horas a la semana   c. cuarenta horas a la semana

2 Vocabulario Corrige (*correct*) cada una de estas expresiones ilógicas con el verbo apropiado de la lista.
(7 x 2 pts. = 14 pts.)

    acostumbrarse   **hervir**   **quitar**
    freír   **pasar**   **soler**
    hacer   **probarse**   **tocar**

    1. limpiar mandados   - _____ mandados
    2. freír la aspiradora   - _____ la aspiradora
    3. cocinar el polvo   - _____ el polvo
    4. encender el agua   - _____ el agua
    5. hervir unos pantalones   - _____ unos pantalones
    6. averiguar a la rutina   - _____ a la rutina
    7. calentar el timbre   - _____ el timbre

3 Un día accidentado Completa este mensaje telefónico con la forma correcta del pretérito de los verbos entre paréntesis. (7 x 2 pts. each = 14 pts.)

    Hola, cariño, soy mamá. ¿Ya (1) _____ (tú, llegar) del colegio? Te llamo para decirte que no (2) _____ (yo, poder) hacer la cena porque (3) _____ (yo, tener) que llevar a la abuelita al hospital. Esta tarde ella (4) _____ (caerse) y (5) _____ (hacerse) daño (*hurt*) en el pie. Ella está bien, no te preocupes, pero nosotras (6) _____ (pensar) que era buena idea ir al doctor. Y, ¿cómo te (7) _____ (ir) en el examen? Espero que bien. Hay pizza en el refrigerador. Te veo a las siete, hijo. ¡Besos!

4 Cuando era niño Elige el verbo adecuado para completar cada oración. (9 x 2 pts. each = 18 pts.)

1. Cuando era niño, me (iba / fui) _____ a la cama a las 9 de la noche.
2. Una vez, a los ocho años, me (caía / caí) _____ de un árbol.
3. Cuando era niño, me (despertaba / desperté) _____ temprano.
4. Cuando era niño, (jugaba / jugué) _____ con mis amigos.
5. Cuando era niño, (ganaba / gané) _____ una medalla.
6. Cuando era niño, no me (gustaban / gustaron) _____ los vegetales.
7. ¡Una vez, me (escondía / escondí) _____ para no comer espinacas!
8. Un verano (íbamos / fuimos) _____ a España.
9. Todos los inviernos, mis padres (iban/fueron) _____ a esquiar.

5 Oraciones Completa las frases de una manera lógica. Usa el pretérito o el imperfecto según corresponda. (6 x 3 pts. each = 18 pts.)

1. De niño/a, todos los veranos yo _____
2. En la escuela primaria mis compañeros/as y yo _____
3. El fin de semana pasado mis amigos/as _____
4. Esta mañana, antes de salir de casa, tú _____
5. Ayer en el centro comercial _____
6. Cuando tenía diez años, Letizia Ortiz _____

6 Para pensar Lee este fragmento sobre la familia real española.

"Gracias al carisma de Juan Carlos I, y a su protagonismo en el camino hacia la libertad, la Corona tuvo un gran respaldo popular. (...) Casi cuarenta años después de que Juan Carlos fue coronado rey, su hijo Felipe VI se enfrenta a una segunda transición: dar sentido a la monarquía en la era de Internet. (...) La sociedad española parece haber recibido bien esta renovación en la Familia Real, formada por Juan Carlos I, doña Sofía, los reyes Felipe y Letizia, y las hijas de éstos, la princesa Leonor y la infanta Sofía."

Piensa en estas preguntas: ¿Qué opinión tienes tú sobre la familia real española? ¿Crees que la realeza es una institución del pasado y debe dejar de existir? Expresa tu opinión dando ejemplos. Escribe una composición de seis oraciones como mínimo.

(8 pts. for grammar + 8 pts. for vocabulary + 8 pts. for style = 24 pts.)

_____
_____
_____
_____
_____
_____
_____
_____

PRUEBA B

Lección 3
La vida diaria

1 Un anuncio Claudia ha escrito un anuncio clasificado para buscar una niñera. Escucha el anuncio y después indica la respuesta correcta para cada pregunta. (4 x 3 pts. each = 12 pts.)

1. ¿Cuántas personas hay en la familia de Claudia?

   a. dos   b. cuatro   c. cinco

2. ¿Qué tareas debe hacer la persona que va a trabajar para la familia?

   a. lavar la ropa y cocinar   b enseñarles a las niñas   c. limpiar los baños

3. ¿Cómo debe ser la niñera?

   a. tolerante y abierta   b. responsable y flexible   c. muy sociable

4. ¿Qué horario va a tener la niñera?

   a. veinte horas a la semana   b. treinta horas a la semana   c. cuarenta horas a la semana

2 Vocabulario Empareja los elementos de las dos columnas para formar expresiones lógicas.
(7 x 2 pts. = 14 pts.)

_____ 1. acostumbrarse   a. mandados

_____ 2. hervir   b. el timbre

_____ 3. hacer   c. la aspiradora

_____ 4. barrer   d. el polvo

_____ 5. pasar   e. el agua

_____ 6. tocar   f. a la rutina diaria

_____ 7. quitar   g. la escalera

3 Un día accidentado Completa este mensaje telefónico con la forma correcta del pretérito de los verbos en paréntesis. (7 x 2 pts. each = 14 pts.)

Hola, cariño, soy mamá. ¿Cómo estás? Papá y yo (1) _____ (llegar) a Santiago esta tarde. No (2) _____ (nosotros, poder) llamarte antes porque (3) _____ (haber) un problema en el hotel. Tu padre (4) _____ (pedir) la cena al servicio de habitaciones y el camarero (5) _____ (caerse) con la bandeja (*tray*) de la comida y (6) _____ (ellos, tener) que limpiar la habitación. Pero todo está bien. Y tú, ¿ya (7) _____ (hacer) la tarea? Oye, ahora que me acuerdo, ¡no te olvides de pasar la aspiradora! Nos vemos el sábado, hijo. ¡Besos!

4 En verano Elige el verbo adecuado para completar cada oración. (9 x 2 pts. each = 18 pts.)

1. El año pasado (trabajé / trabajaba) _____ para conseguir dinero.

2. Cuando era niño, en verano (salí / salía) _____ a jugar con mis vecinos.

3. Mi madre siempre (hizo / hacía) _____ limonada con hielo.

4. Hace dos años, (fui / iba) _____ a Brasil.

5. Cuando llovía, (jugué / jugaba) _____ todos los días a los videojuegos.

6. Los días soleados, me (gustó / gustaba) _____ correr por la playa.

7. Antes, mis padres (prefirieron / preferían) _____ ir a lugares exóticos.

8. Una vez, mi familia y yo (salimos / salíamos) _____ a acampar.

9. Cuando volvíamos de las vacaciones, yo siempre me (sentí / sentía) _____ nostálgico.

5 Oraciones Completa las frases de una manera lógica. Usa el pretérito o el imperfecto según corresponda. (6 x 3 pts. each = 18 pts.)

1. Cuando era joven, Juan Carlos I _____

2. El último día de clase, los profesores _____

3. El año pasado, tú _____

4. Este semestre, antes de tener el primer examen, yo _____

5. De niño/a, todos los fines de semana mis padres y yo _____

6. Ayer _____

6 Para pensar Lee el texto sobre las compras diarias.

"En España, las grandes tiendas y también muchas tiendas pequeñas cierran los domingos. Por eso, los españoles realizan todas sus compras durante el resto de la semana. En algunos casos, las grandes tiendas, como El Corte Inglés, abren un domingo al mes."

¿Cuáles son los horarios de las tiendas y supermercados en tu país? ¿En qué se diferencian de los horarios de España? ¿Piensas que las tiendas en España deben abrir todos los domingos? Contesta estas preguntas en una composición expresando tu opinión y dando ejemplos. Escribe seis oraciones como mínimo. (8 pts. for grammar + 8 pts. for vocabulary + 8 pts. for style = 24 pts.)

_____

_____

_____

_____

_____

_____

_____

_____

_____

_____

Tests

| **121** | **Lección 3** Prueba B

PRUEBA C

Lección 3
La vida diaria

1 El apartamento nuevo. Ana María le cuenta a su amiga sobre su apartamento nuevo. Escucha la historia y después responde a las preguntas usando oraciones completas. (6 x 2 pts. each = 12 pts.)

1. ¿Por qué está Ana María tan contenta? _____
2. ¿Cómo pasó Ana María el primer día en el apartamento? _____
3. ¿Qué fue lo primero que hizo? _____
4. ¿Por qué tuvo que barrer? _____
5. ¿Quién tocó el timbre? _____
6. ¿Por qué vino esta persona al apartamento? _____

2 Vocabulario Cristina y Elsa conversan sobre las tareas domésticas que les gustan y sobre las que odian. Escribe ocho oraciones completas en las que describes la vida diaria en el hogar de Cristina y Elsa. Utiliza las palabras que aparecen en la lista. (8 x 2 pts. each = 16 pts.)

aspiradora	cocinar	limpiar	polvo
barrer	horario	muebles	supermercado

_____
_____
_____
_____
_____
_____

3 Organizar el horario Carlos tuvo ayer un día muy ocupado. Primero, escribe la forma apropiada del pretérito de los verbos en paréntesis. Después, ordena cronológicamente sus actividades del 1 al 8. (8 x 2 pts. each = 16 pts.)

_____ a. Carlos _____ (hacer) el desayuno para su familia.

_____ b. _____ (salir) pronto del trabajo para hacer unos mandados.

_____ c. A las nueve de la mañana _____ (ir) al supermercado para comprar pan y leche para el desayuno.

_____ d. A la hora del almuerzo _____ (pasar) la aspiradora.

_____ e. Había un atasco cerca del colegio y por eso _____ (llegar) tarde al trabajo.

_____ f. Después de desayunar _____ (llevar) a sus hijos al colegio.

_____ g. Después de almorzar _____ (preparar) un café.

_____ h. Carlos _____ (levantarse) muy temprano.

Tests

Nombre _____   Fecha _____

4 Caperucita Roja (*Little Red Riding Hood*) Completa esta versión del cuento de Caperucita Roja utilizando la forma apropiada de los verbos (pretérito, imperfecto o presente). (18 x 1 pt. each = 18 pts.)

Aquel día (1) _____ (hacer) muy buen tiempo y la mamá de Caperucita le (2) _____ (pedir) que llevara algunos dulces a la abuelita porque (3) _____ (estar) muy sola y (4) _____ (vivir) en un sitio donde no (5) _____ (haber) supermercados. La mamá le (6) _____ (preparar) algunas cosas para comer en una cesta (*basket*) y Caperucita (7) _____ (salir) para la casa de su abuela. En el camino, Caperucita (8) _____ (encontrarse) con el lobo, que (9) _____ (querer) robarle la cesta. Caperucita (10) _____ (ser) una niña muy inteligente y (11) _____ (saber) que el lobo siempre (12) _____ (sentirse) muy solo, así que lo (13) _____ (invitar) a merendar a casa de la abuelita. Cuando la abuela (14) _____ (saber) que el lobo se sentía solo, le (15) _____ (pedir) que se quedara a vivir con ella y él (16) _____ (aceptar). Ahora el lobo y la abuelita (17) _____ (ser) felices, y Caperucita los (18) _____ (visitar) a menudo.

5 Letizia Ortiz: periodista y reina Antes de casarse con el entonces príncipe Felipe, Letizia Ortiz era periodista. Escribe oraciones en las que compares su horario cuando era periodista con el que tiene ahora como reina. ¡Sé creativo/a! (7 x 2 pts. each = 14 pts.)

modelo
Cuando era periodista, se levantaba temprano para ir a trabajar; ahora se despierta un poco más tarde.

1. _____
2. _____
3. _____
4. _____
5. _____
6. _____
7. _____

6 Tu opinión Lee el siguiente fragmento del artículo "La Familia Real".

"La sociedad española parece haber recibido bien esta renovación en la Familia Real, formada por Juan Carlos I, doña Sofía, los reyes Felipe y Letizia, y las hijas de éstos, la princesa Leonor y la infanta Sofía. Según las encuestas, (...) la popularidad de la Corona aumentó y la monarquía empezó a recuperar su prestigio."

Piensa en estas preguntas: ¿Qué opinas de que todavía existan reyes en Europa? ¿Qué papel tienen en la sociedad de hoy? ¿Te parece fácil o difícil el trabajo de los reyes? Escribe una composición sobre este tema en una hoja aparte. Expresa tu opinión dando ejemplos. Escribe por lo menos ocho oraciones. (8 pts. for grammar + 8 pts. for vocabulary + 8 pts. for style = 24 pts.)

Tests

PRUEBA D

Lección 3
La vida diaria

1 Una vida nueva Mabel le cuenta a su amiga sobre su experiencia en un país extranjero. Escucha la historia y después contesta las preguntas usando oraciones completas. (6 x 2 pts. each = 12 pts.)

1. ¿Por qué está Mabel agobiada? _____

2. ¿Qué aspectos de su vida cambiaron recientemente? _____
_____

3. ¿Qué pasó el otro día cuando estaba comprando comida? _____
_____

4. ¿Por qué le sorprendió a Mabel ver a una señora regatear (*bargaining for something*)?
_____

5. ¿Adónde fue Mabel ayer? _____

6. ¿Cómo pagó? ¿Por qué? _____

2 Vocabulario Miguel y Mari conversan sobre los quehaceres que les gustan y sobre los que odian. Escribe ocho oraciones completas hablando de la vida diaria en el hogar de Miguel y en el de Mari. Utiliza las palabras que aparecen en la lista. (8 x 2 pts. each = 16 pts.)

barrer	**hacer mandados**	**limpieza**	**quitar el polvo**
freír	**ir de compras**	**pasar la aspiradora**	**rutina**

_____

_____

_____

_____

_____

3 Organizar el horario Daniela tuvo ayer un día muy ocupado. Primero, escribe la forma apropiada del pretérito de los verbos en paréntesis. Después, ordena cronológicamente sus actividades del 1 al 8.
(8 x 2 pts. each = 16 pts.)

_____ a. Luego, _____ (preparar) el desayuno para su familia.

_____ b. Por la tarde, _____ (salir) pronto del trabajo para ir de compras.

_____ c. A las ocho de la mañana _____ (ir) al supermercado para comprar café para el desayuno.

_____ d. A la hora del almuerzo _____ (comprar) dulces para todos.

_____ e. Había un atasco cerca del colegio y por eso _____ (llegar) tarde al trabajo.

_____ f. Después del desayuno _____ (llevar) a sus hijos al colegio.

_____ g. Al levantarse, _____ (arreglarse) para salir.

_____ h. Daniela _____ (levantarse) a las seis y media.

4 Caperucita Roja (*Little Red Riding Hood*) Completa esta versión del cuento de Caperucita Roja utilizando la forma apropiada de los verbos (pretérito, imperfecto o presente). (18 x 1 pt. each = 18 pts.)

Aquel día (1) _____ (llover) mucho y la mamá de Caperucita le (2) _____ (pedir) que llevara un poco de comida a la abuelita porque (3) _____ (estar) enferma y no (4) _____ (poder) cocinar. La mamá le (5) _____ (preparar) algunas cosas de comer y Caperucita (6) _____ (caminar), a la casa de su abuela. Caperucita (7) _____ (cantar) mientras (8) _____ (caminar), para no aburrirse. Por el camino, Caperucita (9) _____ (conocer) al lobo y (10) _____ (hablar) con él. Caperucita (11) _____ (ser) una persona muy sensible y (12) _____ (pensar) que el lobo (13) _____ (estar) muy solo, así que lo (14) _____ (invitar) a comer en casa de la abuelita. Cuando la abuela (15) _____ (saber) que el lobo también (16) _____ (vivir) solo, lo (17) _____ (adoptar) para hacerse compañía el uno al otro. Hoy el lobo y la abuelita (18) _____ (ser) muy felices en su casa.

5 Letizia Ortiz: periodista y reina Antes de casarse con el entonces príncipe Felipe, Letizia Ortiz vivía en un apartamento. Escribe oraciones en las que comparas sus quehaceres y obligaciones cuando vivía sola con los de ahora que es una reina. ¡Sé creativo/a! (7 x 2 pts. each = 14 pts.)

modelo
Cuando vivía sola Letizia Ortiz limpiaba la casa;
ahora tiene diez empleados para limpiar la casa.

1. _____
2. _____
3. _____
4. _____
5. _____
6. _____

6 Tu opinión Lee el siguiente fragmento del artículo "La Familia Real".

"Casi cuarenta años después de que Juan Carlos fue coronado rey, su hijo Felipe VI se enfrenta a una segunda transición: dar sentido a la monarquía en la era de Internet. Su esposa, doña Letizia, que fue periodista antes que reina, lo está ayudando a conseguirlo: aunque Felipe VI no tiene el carisma natural de su padre, es un comunicador mucho más eficaz."

¿Crees que ser rey es un trabajo fácil o difícil? ¿Qué papeles o actividades pueden hacer los reyes hoy en día? ¿Te gustaría ser rey o reina? Escribe una composición sobre este tema en una hoja aparte. Expresa tu opinión dando ejemplos. Escribe por lo menos ocho oraciones.
(8 pts. for grammar + 8 pts. for vocabulary + 8 pts. for style = 24 pts.)

Tests

PRUEBA E

Lección 3
La vida diaria

1 Completar Elige la opción correcta para completar las oraciones. (8 x 2 pts. each = 16 pts.)

1. En esta tienda, no dan _____ para los productos en oferta.
2. ¿Pagará con _____ o con tarjeta de crédito?
3. Ay, perdóname, no rompí tu copa favorita _____.
4. Mi hermana sale _____ a comer con sus amigas. No les gusta cocinar.
5. ¡Qué encuentro _____! Nunca pensé verte en un centro comercial.
6. Los quehaceres son las tareas del _____.
7. Las peleas entre hermanos son parte de la vida _____.
8. ¿Podremos tomar el tren _____? Tengo miedo de perderlo.

a. Hogar
b. Inesperado
c. a propósito
d. cotidiana
e. a tiempo
f. reembolso
g. dinero en efectivo
h. a menudo

2 Elegir Elige la opción correcta para completar las oraciones. (7 x 2 pts. each = 14 pts.)

costumbre	ganga	mandados	timbre
escalera	hervir	por casualidad	

1. Los fines de semana, tengo la _____ de salir a correr temprano.
2. ¿Ya has limpiado la _____? Puedes barrerla o pasar la aspiradora.
3. En el supermercado conseguí una _____: ¡un kilo de fresas por un dólar!
4. Acuérdate que hay que _____ el agua primero.
5. ¿Has visto _____ mi teléfono celular?
6. Creo que alguien ha tocado el _____. Ve a ver quién es.
7. Voy a hacer unos _____ al centro. Vuelvo en media hora.

3 Cocina tú mismo Completa el texto con la opción correcta. (5 x 2 pts. each = 10 pts.)

1. ¿Tus padres no están en casa y no tienes qué comer? ¿Nunca has cocinado? Hazlo tú mismo y gastarás _____ diez dólares.

    a. apenas   b. a menudo   c. a tiempo

2. Compra una salsa de tomate y unos macarrones (*macaroni*) que no sean muy _____, pero tampoco muy caros.

    a. atrasados   b. auténticos   c. baratos

3. Hierve el agua para los macarrones y _____ la salsa.

    a. calienta   b. enciende   c. barre

4. Mientras esperas a que tu comida se cocine, _____.

    a. toca el timbre   b. ve de compras   c. pon la mesa

5. Por último, disfruta de la primera comida hecha por ti mismo. _____ fácil, ¿no?

    a. Casi nunca   b. Bastante   c. Así

    | 126 |

4 Pretérito Completa las oraciones con la forma correcta del verbo en pretérito. Sigue el modelo.
(10 x 2 pts. each = 20 pts.)

modelo

Martina empieza las clases el lunes, pero yo las **empecé** ayer.

1. Oí el timbre del teléfono, ¿ustedes también lo _____?

2. Nosotras dormimos mal anoche, pero Sabrina _____ muy bien.

3. ¿Hicieron la tarea? Yo no la _____.

4. Hoy estoy en casa, pero ayer _____ todo el día en la oficina.

5. Clara conduce bien, pero ayer _____ demasiado (*too*) rápido.

6. En casa siempre pone la mesa Juan, pero esta vez la _____ tú.

7. Andrea hoy tiene que limpiar la cocina, pero ayer _____ que limpiarla Pablo.

8. Hoy Rita va a al gimnasio, pero ayer no _____.

9. ¿Toco el timbre yo o tú ya lo _____?

10. ¿Fuiste a la fiesta de Leandro? Nosotros no _____.

5 Imperfecto Completa el texto con los verbos adecuados en imperfecto. (5 x 2 pts. each = 10 pts.)

	dar	hacer	pedir	ser	tener

Ayer (1) _____ que limpiar mi casa y hace meses que no lo (2) _____. Por eso, llamé por teléfono a Sandra, mi mejor amiga, para pedirle ayuda. Cuando (3) _____ compañeras de cuarto, ella siempre me (4) _____ ayuda para todo y yo se la (5) _____. Pero esta vez, ni siquiera contestó mi llamada. ¿Lo habrá hecho a propósito?

6 ¿Pretérito o imperfecto? Completa las oraciones con la opción correcta. (15 x 2 pts. each = 30 pts.)

1. ¿Te acuerdas cuántos años _____ cuando nos conocimos?

   a. tenías   b. tuviste

2. Daniel no está. _____ de compras hace unos minutos.

   a. Salía   b. Salió

3. Ayer mi abuelo quiso subir la escalera solo, pero no _____.

   a. pudo   b. podía

4. Esta mañana _____ tan cansado que me quedé dormido en el autobús.

   a. estaba   b. estuve

5. Cuando te _____, tenías el pelo rubio y largo.

   a. conocía   b. conocí

6. La primera vez que vi a Rosa _____ que sería la mujer de mi vida.

   a. sabía   b. supe

7. Cuando quisimos comprar la oferta, ya no _____ disponible.

   a. estuvo   b. estaba

8. Mientras José _____, su novia hablaba por teléfono con sus amigas.

   a. dormía   b. durmió

9. _____ las seis de la mañana y los pajaritos cantaban.

   a. Eran   b. Fueron

10. ¿De niño te _____ ir a la escuela?

    a. gustó   b. gustaba

11. Ya _____ en la estación cuando vi que no tenía los billetes en mi bolso.

    a. estaba   b. estuve

12. Ayer mi familia salió de paseo pero yo me _____ en casa.

    a. quedaba   b. quedé

13. En el siglo (*century*) veinte los inviernos <wol> más duros que hoy en día.

    a. fueron   b. eran

14. La invitamos a la fiesta pero no _____ venir.

    a. quiso   b. quería

15. Cuando tenía novio, los jueves siempre _____ juntos al cine.

    a. fuimos   b. íbamos

PRUEBA A

Lección 4
La salud y el bienestar

1 Alberto no está bien (6 × 2 pts. each = 12 pts.)

Parte A Alberto está en cama en su casa y recibe un mensaje de correo electrónico de su amiga Lucía. Escucha lo que dice el mensaje y después indica si lo que dicen las oraciones es **cierto** o **falso**.

	Cierto	Falso
1. Alberto está muy enfermo.	—	—
2. Es importante que Alberto tome muchas aspirinas.	—	—
3. Para la tos, Lucía aconseja tomar un té.	—	—

Parte B Días más tarde, Alberto le escribe a Lucía. Escucha lo que responde Alberto y después indica si lo que dicen las oraciones es **cierto** o **falso**.

	Cierto	Falso
1. Alberto sigue enfermo.	—	—
2. A Alberto le va muy bien en la universidad.	—	—
3. Miguel es un amigo de la universidad.	—	—

2 La salud Completa cada oración con la palabra correcta de la lista, haciendo los cambios que sean necesarios. (8 × 2 pts. each = 16 pts.)

ánimo	calmantes	descansar	recuperarse	sano/a
aspecto	consultorio	mareado/a	resfriado	toser

1. Silvia va a _____ de la operación muy pronto.
2. Miguel tiene un _____ muy fuerte. Es mejor que se quede en casa.
3. El médico le dio unos _____ para los nervios.
4. ¡Manolo, no puedes seguir así! Tienes que dormir más y _____.
5. El _____ del Dr. López está en el tercer piso.
6. Tienes mal _____ ¿Te sientes bien?
7. Desde que hago ejercicio a diario mi estado de _____ es mucho mejor.
8. Estoy _____ Es mejor que me acueste un rato.

3 ¿Por o para? Completa las oraciones con la respuesta apropiada. (7 × 2 pts. each = 14 pts.)

1. El médico se prepara _____ (a. para / b. para colmo / c. por) sus consultas del día.
2. No estoy _____ (a. por fin / b. por siempre / c. para bromas), Carlitos. No juegues con la comida.
3. _____ (a. Por supuesto / b. Por lo general / c. Para siempre), ya tomé las pastillas. ¡Espero curarme cuanto antes!
4. No pudo hacer su trabajo _____ (a. para / b. por / c. por cierto) el dolor.
5. Me gusta correr _____ (a. para / b. por / c. por ahora) las tardes.
6. Lo mejor _____ (a. para / b. por / c. para mí) la tos es el té.bien?
7. Tengo que estar en la cama, pero, _____ (a. por lo tanto / b. por si acaso / c. por lo menos), no tengo dolor.

4 Subjuntivo Completa estas oraciones de forma lógica. Usa el presente de subjuntivo.
(8 × 2 pts. each = 16 pts.)

1. Para mejorar la tos es necesario que (yo/beber) _____.
2. Dudo que las pastillas (ser) _____.
3. Los médicos quieren que todos nosotros (comer) _____.
4. Me alegro de que por fin (tú/sentirse) _____.
5. Es ridículo que más y más gente (tener) _____.
6. Para curarte, es mejor que tú (quedarse) _____.
7. No es bueno que las personas (trabajar) _____.
8. No creemos que Juan y su esposa (llevar) _____.

5 En el hospital Un chico enfermo y sus padres están en el hospital, y hoy se van a casa. Escribe tres mandatos que el médico les da a los padres para ayudar al hijo a recuperarse (usa mandatos formales) y tres mandatos que el médico le da al hijo (usa mandatos informales). (6 × 3 pts. each = 18 pts.)

A los padres:

1. _____
2. _____
3. _____

Al hijo:

1. _____
2. _____
3. _____

6 Para pensar Lee el texto y contesta las preguntas.

"Hoy en día, estudios científicos demuestran que muchas enfermedades graves están directamente relacionadas con la nutrición y el estilo de vida. Sin embargo, las ventas de comida rápida siguen aumentando. El sedentarismo —estilo de vida caracterizado por la ausencia de ejercicio— de la población es generalizado, y millones de personas continúan fumando, a pesar de la probada relación causa-efecto entre el tabaco y el cáncer de pulmón (*lung*)."

¿Estás de acuerdo con este texto? ¿Crees que hay muchas personas que llevan estos estilos de vida, en perjuicio (*harm*) de su salud? ¿Por qué? ¿Qué estilo de vida llevas tú ?

Escribe seis oraciones como mínimo y explica con ejemplos.

(8 pts. for grammar + 8 pts. for vocabulary + 8 pts. for style = 24 pts.)

_____
_____
_____
_____
_____
_____
_____
_____

Tests

Nombre ____________________ Fecha ____________________

PRUEBA B

Lección 4
La salud y el bienestar

1 Amalia no está bien (6 × 2 pts. each = 12 pts.)

Parte A Amalia está enferma en casa. Hoy se siente mejor y le escribe un mensaje de correo electrónico a su amiga Elena. Escucha lo que dice el mensaje y después indica si lo que dicen las oraciones es **cierto** o **falso**.

	Cierto	Falso
1. El otro día, Amalia se desmayó.	__	__
2. El médico dijo que Amalia tiene la presión alta.	__	__
3. Amalia tiene mucho trabajo últimamente.	__	__

Parte B Días más tarde, Elena le escribe a Amalia. Escucha su respuesta y después indica si lo que dicen las oraciones es **cierto** o **falso**.

	Cierto	Falso
1. Elena cree que para estar sano es importante hacer ejercicio.	__	__
2. Elena quiere que Amalia duerma más.	__	__
3. Elena se compró un vestido verde.	__	__

2 La salud Completa cada oración con la palabra correcta de la lista. (8 × 2 pts. each = 16 pts.)

adelgazar	**empeorar**	**fiebre**	**lastimarse**	**prevenir**
comer bien	**engordar**	**herida**	**mejorar**	**tratamientos**

1. Mi mamá está a dieta porque quiere ____________________ cinco kilos.
2. Con este jarabe, tu tos va a ____________________.
3. Juan Martín no puede correr por tres semanas para no ____________________ el pie (*foot*) otra vez.
4. ____________________ es necesario para estar sano.
5. Paquito tiene ____________________ muy alta. Es mejor que lo lleves al hospital.
6. Estoy mejor, pero voy a quedarme en casa. No quiero ____________________.
7. No me gusta tomar pastillas. Prefiero los ____________________ naturales.
8. Tienes que cuidarte esta ____________________. Necesitas una venda.

3 ¿Por o para? Completa las oraciones con la respuesta apropiada. (7 × 2 pts. each = 14 pts.)

1. ¿_______ (a. Por supuesto / b. Por ejemplo / c. Por casualidad) tienes un calmante aquí?
2. Miguel y Cristina cambiaron los chocolates _______ (a. para / b. por / c. por lo tanto) fruta.
3. _______ (a. Por ejemplo / b. Por fin / c. Para siempre) le mejoró la fiebre, pero todavía se siente mal.
4. Compré verduras _______ (a. para / b. por / c. para colmo) hacer una ensalada.
5. Me gusta caminar _______ (a. para / b. por / c. por lo visto) el parque.
6. El médico sale _______ (a. para / b. por / c. por allí) el hospital a las 7 de la mañana.
7. No me duele, pero no voy a correr _______ (a. por otro lado / b. por supuesto / c. por si acaso).

4 Subjuntivo Completa estas oraciones de forma lógica. Usa el presente de subjuntivo.
(8 × 2 pts. each = 16 pts.)

1. El médico insiste en que yo (hacer) _____.

2. Para estar sano es importante que tú (comer) _____.

3. No es verdad que todos los calmantes (ser) _____.

4. Los padres quieren que sus hijos (estar) _____.

5. Para curarte la gripe es mejor que (quedarse) _____.

6. Mis padres me prohíben que yo (llegar) _____.

7. Preferimos que el médico nos (dar) _____.

8. Me molesta que la gente no (comer) _____.

5 La alimentación Cristian quiere mejorar su alimentación. Escribe tres mandatos informales afirmativos y tres mandatos informales negativos aconsejándole qué hacer y qué no hacer. (6 × 3 pts. each = 18 pts.)

Afirmativos:

1. _____

2. _____

3. _____

Negativos:

1. _____

2. _____

3. _____

6 Para pensar Lee el texto y contesta las preguntas.

"El gobernador del estado de Arkansas, EE.UU., quiere que los ciudadanos (*citizens*) de su estado que tengan problemas de obesidad mejoren su salud poniéndose a dieta y haciendo más ejercicio. Para conseguirlo, él mismo se puso a dieta para servir de modelo y adelgazó cien libras (*pounds*) en tres años. También, impuso (*imposed*) nuevas normativas para regular el valor nutritivo de la comida en las escuelas. Pero no todos están a favor. Muchos ciudadanos protestan, explicando que no todos quieren bajar de peso en una región donde la comida es parte central de la tradición cultural."

¿Qué piensas tú de los esfuerzos (*efforts*) del gobernador para mejorar la salud de la gente? ¿Tienen razón los ciudadanos que protestan? ¿Qué recomendaciones tienes tú para concienciar (*make aware*) a la población? Escribe seis oraciones como mínimo. Expresa tu opinión con ejemplos.
(8 pts. for grammar + 8 for vocabulary + 8 pts. for style = 24 pts.)

_____

_____

_____

_____

_____

_____

_____

_____

_____

Tests

PRUEBA C

Lección 4
La salud y el bienestar

1 **Estar como un roble** (*Healthy as an oak*) Telmo es instructor de yoga. Escucha lo que dice y responde las preguntas con oraciones completas. (7 × 2 pts. each = 14 pts.)

1. ¿Qué tipo de dieta sigue Telmo? _____

2. ¿Qué cosas suele comer? _____

3. ¿Por qué evita consumir mucha sal? _____

4. ¿Qué hace Telmo si está resfriado? _____

5. ¿Qué consejo da Telmo para prevenir enfermedades? _____

6. ¿Dónde vive Telmo? ¿Por qué? _____

7. Según Telmo, ¿qué busca el yoga? _____

2 **Vocabulario** Completa las oraciones con la forma apropiada de las palabras de la lista. Haz los cambios que sean necesarios. (6 × 2 pts. each = 12 pts.)

médico	pastilla	resfriado	vacuna
no tener buen aspecto	receta	tos	virus

Andrés (1) _____ y tiene mucha (2) _____. Emilia cree que debe ir
al (3) _____ para que le receten unas (4) _____. Lo primero que el médico le
pregunta a Andrés es si este año se puso la (5) _____ contra la gripe. Andrés responde que
sí. Por eso, el doctor piensa que es sólo un (6) _____.

3 **Mandatos para Hilda** Hilda se siente deprimida y agotada. Debes darle recomendaciones para mejorar su estado de ánimo y su autoestima. Escribe mandatos con los verbos de la lista. (7 × 2 pts. each = 14 pts.)

bailar	relajarse	tener
comer	salir	tomar
descansar	ser	viajar

1. _____

2. _____

3. _____

4. _____

5. _____

6. _____

7. _____

Tests

4 Medicina natural Imagina que eres un curandero que sabe mucho sobre plantas medicinales, alimentos saludables y medicina alternativa. Escribe siete recomendaciones o consejos para una amiga que siempre se enferma. En cada oración, utiliza un elemento de la columna 1 y otro de la columna 2.
(7×3 pt. each = 21 pts.)

proponer	té de hierbas
prohibir	trasnochar
recomendar	jugo de naranja
sugerir	grasas y dulces
es necesario	vitaminas y minerales
es importante	relajarse
rogar	desayunar bien
es urgente	practicar yoga

1. _____
2. _____
3. _____
4. _____
5. _____
6. _____
7. _____

5 ¿Por o para? Completa estas oraciones de forma lógica usando por o para. (8×2 pts. each = 16 pts.)

1. Miguel, el señor de la limpieza fue al médico _____.
2. Los médicos descubrieron una cura _____.
3. Cristina vivió en Monterrey _____.
4. Yo reviso mi correo electrónico tres veces _____.
5. A mí me gustaría cambiar mi rutina _____.
6. A las personas adultas les gusta pasear _____.
7. Una vez, mis padres estuvieron en _____.
8. Mi plan es vivir en un país extranjero _____.

6 Tu opinión Lee este fragmento del artículo "De abuelos y chamanes".

"En Colombia, al igual que en otros países, hay un renovado interés por conocer las propiedades medicinales de las plantas que se han usado durante siglos. Instituciones gubernamentales, universidades y organizaciones ecologistas intentan recuperar y conservar estos conocimientos."

¿Qué opinas de la medicina natural y las plantas medicinales? ¿Las has utilizado alguna vez? ¿Crees que el gobierno debe apoyar (*to support*) la investigación sobre medicina natural o piensas que el sistema sanitario (de salud) que tenemos es bastante bueno? En una hoja aparte, contesta estas preguntas en una composición breve. Escribe ocho oraciones como mínimo y explica con ejemplos.
(8 pts. for grammar + 8 pts. for vocabulary + 7 pts. for style = 23 pts.)

Tests

PRUEBA D

Lección 4
La salud y el bienestar

1 Estar como un roble (*Healthy as an oak*) Ivonne es instructora de taichi. Escucha lo que dice y responde las preguntas con oraciones completas. (7 × 2 pts. each = 14 pts.)

1. ¿Qué tipo de alimentos consume Ivonne habitualmente? _____

2. ¿Qué cosas no suele comer? ¿Por qué? _____

3. ¿Qué le gusta beber a Ivonne? _____

4. ¿Qué hace Ivonne si está enferma? _____

5. ¿Por qué no le gusta trasnochar a Ivonne? _____

6. ¿Qué consejo da Ivonne para prevenir enfermedades? _____

7. Según (*according to*) Ivonne, ¿qué busca el taichi? _____

2 Vocabulario Completa las oraciones con la forma apropiada de las palabras de la lista. Haz los cambios que sean necesarios. (6 × 2 pts. each = 12 pts.)

consultorio	gripe	medicina	recuperarse
descansar	jarabe	médico	tener mal aspecto

Manuel (1) _____ y probablemente tiene (2) _____, pero no quiere ir al (3) _____ del médico. Carla cree que debería irse a casa para (4) _____ y (5) _____. A Manuel, en general, no le gustan las (6) _____ porque cuando era niño tomó muchos antibióticos.

3 Mandatos para Regina Regina está resfriada y tiene fiebre. Debes darle recomendaciones para que se cuide y se cure. Escribe mandatos con los verbos de la lista. (7 × 2 pts. each = 14 pts.)

beber	hacer	salir
descansar	ir	tomar
dormir	quedarse en la cama	trabajar

1. _____

2. _____

3. _____

4. _____

5. _____

6. _____

7. _____

Lección 4 Prueba D

Tests

4 Medicina natural Tus amigos tienen tienen un estilo de vida poco saludable: miran televisión seis horas por día y sólo comen comida basura. Escribe siete recomendaciones o consejos para ellos. En cada oración, utiliza un elemento de la columna 1 y otro de la columna 2.
(7 × 3 pts. each = 21 pts.)

aconsejar	pescado y verduras
querer	hamburguesas con papas fritas
recomendar	caminar
sugerir	pizzas
es necesario	frutas y verduras
es importante	consumir lácteos en lugar de grasas
es urgente	mirar televisión

1. _____
2. _____
3. _____
4. _____
5. _____
6. _____
7. _____

5 ¿Por o para? Completa estas oraciones de forma lógica usando **por** o **para**. (8 × 2 pts. each = 16 pts.)

1. Miguel, el señor de la limpieza fue al médico _____
2. Los médicos descubrieron una cura _____
3. Cristina vivió en Monterrey _____
4. Yo reviso mi correo electrónico tres veces _____
5. A mí me gustaría cambiar mi rutina _____
6. A las personas adultas les gusta pasear _____
7. Una vez, mis padres estuvieron en _____
8. Mi plan es vivir en un país extranjero _____

6 Tu opinión Lee este fragmento del artículo "De abuelos y chamanes".

"Muchos de estos remedios caseros son más que simples 'recetas de la abuela'. Su uso proviene de conocimientos milenarios que los curanderos y chamanes han ido pasando de generación en generación […] A pesar de la llegada de la medicina científica, muchas comunidades indígenas siguen practicando su medicina tradicional."

¿Eres partidario (*supporter*) de las plantas medicinales y la medicina natural? ¿Piensas que las plantas medicinales pueden sustituir a los medicamentos y a los productos farmacéuticos? En una hoja aparte, contesta estas preguntas en una composición breve. Escribe ocho oraciones como mínimo y explica con ejemplos. (8 pts. for grammar + 8 pts. for vocabulary + 7 pts. for style = 23 pts.)

Lección 4   Prueba D

Tests

PRUEBA E

Lección 4
La salud y el bienestar

1 No pertenece Identifica la palabra que no pertenece al grupo. (7 x 2 pts. each = 14 pts.)

1.	a. agotado	b. sano	c. resfriado	d. mareado
2.	a. enfermarse	b. lastimarse	c. trasnochar	d. contagiarse
3.	a. tos	b. virus	c. gripe	d. autoestima
4.	a. tensión	b. analgésico	c. jarabe	d. pastilla
5.	a. lastimarse	b. curarse	c. recuperarse	d. sanar
6.	a. depresión	b. estado de ánimo	c. bienestar	d. consultorio
7.	a. engordar	b. adelgazar	c. vacunarse	d. estar a dieta

2 Otro resfriado Completa el texto con la palabra adecuada de la lista. (8 x 2 pts. each = 16 pts.)

1. Hoy me desperté con mucha _____.

2. No dejé de _____ en toda la noche.

3. Estaba tan _____ que no pude levantarme de la cama.

4. Por eso, llamé a mi hermana, que es _____, para preguntarle qué hacer.

5. Me recomendó que fuera al _____ para que me viera un médico.

6. Mi médico me dio una _____ para un medicamento.

7. Debo quedarme en cama y tomar un _____ horrible para la tos.

8. Espero _____ pronto porque este fin de semana me voy de vacaciones.

a. agotado

b. consultorio

c. curarme

d. enfermera

e. fiebre

f. jarabe

g. receta

h. toser

3 ¿Qué necesitan? Indica qué necesita cada una de estas personas. Utiliza cada opción una sola vez. (5 x 2 pts. each = 10 pts.)

1. Me caí y me rompí la pierna. Necesitas _____.

    a. hacer una dieta   b. ir a la sala de emergencias   c. vacunarte

2. Me alimento mal y estoy gordo. Necesitas _____.

    a. descansar y relajarte   b. hacer una dieta   c. tomar una aspirina

3. Estoy agotada y a veces me desmayo. Necesitas _____.

    a. descansar y relajarte   b. ir a la sala de emergencias   c. vacunarte

4. Tengo gripe más de diez veces al año. Necesitas _____.

    a. hacer una dieta   b. ir a la sala de emergencias   c. vacunarte

5. Sufro de dolores de cabeza. Necesitas _____.

    a. hacer una dieta   b. tomar una aspirina   c. vacunarte

Tests

4 Completar Completa las oraciones con la forma adecuada del presente del subjuntivo.
(5 x 2 pts. each = 10 pts.)

1. Hoy volveré a explicarle a la abuela cómo tomar el medicamento. Ojalá (*I hope*) que esta vez
   lo _____ (entender) bien.

2. Es necesario que tu mamá _____ (saber) dónde queda el hospital más cercano en caso de
   una emergencia.

3. ¡Habla más bajo! No quiero que la niña nos _____ (oír) y se despierte.

4. Es fantástico que tu novio _____ (ir) al gimnasio y quiera adelgazar.

5. No creo que Manolo se _____ (sentir) bien. Tiene muy mal aspecto.

5 Oraciones Completa las oraciones con el infinitivo, el indicativo o el subjuntivo.
(5 x 2 pts. each = 10 pts.)

1. Es mejor que _____ de comer antes de acostarte. Te ayudará a dormir mejor.

   a. dejar   b. dejes   c. dejas

2. Espero que Ramón se _____ pronto y pueda irse del hospital.

   a. cure   b. cura   c. curar

3. Es importante _____ frutas y verduras si se quiere prevenir la obesidad.

   a. comer   b. comes   c. comas

4. Estoy segura de que Natalia _____ adelgazar si empieza una dieta.

   a. pueda   b. puede   c. poder

5. Espero que mi médico me _____ la solución para este resfriado.

   a. da   b. dar   c. dé

6 ¡A moverse! Completa el texto con mandatos formales. (5 x 2 pts. each = 10 pts.)

beber   hacer   levantarse   olvidar   quedarse

¿Pasa muchas horas frente a la computadora? ¿Tiene dolor de espalda? Si es así, no
(1) _____ sentado el día en el sillón. (2) _____ pequeñas pausas,
aproximadamente una vez por hora, y (3) _____ para estirar (*stretch*) su cuerpo. Además,
cuando esté sentado, (4) <wol> mucha agua, que es buena para la salud. No lo (5) _____:
¡moverse es bueno!

7 Opiniones contrarias Tu amiga y tú piensan de forma distinta. Contradice a tu amiga siguiendo el modelo. (5 x 2 pts. each = 10 pts.)

modelo

Vete a la cama temprano.

No te vayas a la cama temprano.

1. Lávate las manos con mucho jabón.

   _____ las manos con mucho jabón.

2. No tomes aspirinas para el dolor de cabeza.

   _____ aspirinas para el dolor de cabeza.

3. Beban dos litros de agua al día.

   _____ dos litros de agua al día.

4. Deja de comer comida rápida.

   _____ de comer comida rápida.

5. Señora, no vacune a sus hijos contra la gripe.

   Señora, _____ a sus hijos contra la gripe.

8 El trabajo y el estrés Completa el texto con **por** o **para**. (10 x 2 pts. each = 20 pts.)

Me llamo Estela y trabajo (1) _____ una empresa de videojuegos. Mi trabajo me encanta pero sé que no quiero vivir (2) _____ trabajar. (3) _____ eso, trato de evitar el estrés y disfrutar de la vida. (4) _____ ejemplo, vuelvo a casa temprano dos o tres veces (5) _____ semana y a veces dejo algunas tareas (6) _____ el día siguiente si noto que estoy agotada. Al otro día, vuelvo a la oficina con más energía. Hay mucha gente que hace todo (7) _____ su trabajo, pero (8) · _____ mí lo más importante es mi salud. (9) _____ cierto, me tengo que ir ahora (10) _____ encontrarme con unas amigas. ¡Hasta luego!

Tests

PRUEBA A

Lección 5
Los viajes

1 Preparativos Escucha la conversación entre Éric y Fabiola sobre los preparativos de su viaje. Escribe **Sí** al lado de los preparativos que ya están listos. Escribe **No** al lado de los que todavía no están listos e indica quién los va a hacer. (8 x 1.5 pts. Each = 12 pts.)

Preparativos	¿Listos? Sí o No	Si no, ¿quién va a hacerlo?	
		Fabiola	**Éric**
1. Itinerario			
2. Pasajes del aeropuerto al hotel			
3. Reservar las habitaciones del hotel			
4. Comprar una guía turística			
5. Pasaportes			
6. Comprar mapas			
7. Las maleta de Fabiola			
8. Las maletas de Éric			

2 Definiciones Empareja cada palabra con su definición. (8 x 2 pts. each = 16 pts.)

1. _____ que puede causar daño
2. _____ no llegar a tiempo para tomar un avión
3. _____ objeto que sujeta al viajero a su asiento para prevenir daño en caso deaccidente
4. _____ a mucha distancia
5. _____ resultado de venir a un lugar
6. _____ anuncio o mensaje para informar
7. _____ división entre países
8. _____ acto de decir adiós

   a. aviso
   b. cinturón de seguridad
   c. despedida
   d. frontera
   e. lejano
   f. llegada
   g. peligroso/a
   h. perder el vuelo

3 Preguntas Contesta estas preguntas con la forma negativa de las palabras subrayadas. (6 x 2 pts. each = 12 pts.)

> modelo
>
> ¿Vas a visitar algún museo en Guatemala?
>
> *No, **no voy a visitar ningún museo en Guatemala.***

1. ¿Sabes <u>algo</u> sobre este crucero? No, _____.
2. ¿Conoces <u>algún</u> lugar con playas bonitas? No, _____.
3. ¿Le dijiste a <u>alguien</u> adónde íbamos? No, _____.
4. ¿Vas <u>siempre</u> solo de vacaciones? No, _____.
5. ¿Quieres viajar en tren <u>o</u> en autobús? No, _____.
6. ¿Tú vas al hotel <u>también</u>? Éric no va. No, _____.

4 ¿Indicativo o subjuntivo? Completa las oraciones de forma lógica. Usa un verbo distinto en cada oración. (6 x 3 pts. each = 18 pts.)

1. Queremos una guía turística que _____.
2. Estamos esperando el tren que _____.
3. Espero encontrar un crucero que _____.
4. Necesito unas vacaciones que _____.
5. Van a visitar un país que _____.
6. ¿Hay habitaciones aquí que _____?

5 Turismo Escribe frases usando comparativos, superlativos o superlativos absolutos. Usa las palabras que están en paréntesis. (6 x 3 pts. each = 18 pts.)

1. (pasaje / barato)

   _____.

2. (crucero / lujoso)

   _____.

3. (restaurante / elegante)

   _____.

4. (vuelo / retrasado)

   _____.

5. (hotel / cómodo)

   _____.

6. (guía turístico / amable)

   _____.

6 Para pensar Lee el texto y contesta las preguntas.

"El turismo ecológico o el ecoturismo consiste en hacer viajes o actividades turísticas centrados en la preservación y la apreciación del medio ambiente, tanto natural como cultural. Consiste en viajar a ciertas regiones para disfrutar del medio natural y de su cultura, para promover su apreciación y para concienciar tanto a los residentes como a los visitantes sobre la importancia de la conservación de sus recursos."

¿Qué opinión tienes tú del ecoturismo? ¿Te gustaría practicarlo? ¿Qué lugar o lugares son, en tu opinión, buenos destinos para un viaje de turismo ecológico?

Escribe una composición de seis oraciones como mínimo, expresando tu opinión con ejemplos.
(8 pts. for grammar + 8 pts. for vocabulary + 8 pts. for style = 24 pts.)

_____.
_____.
_____.
_____.
_____.
_____.
_____.
_____.

Tests

Lección 5
Los viajes

1 Preparativos Escucha la conversación entre Diana y Johnny sobre los preparativos de su viaje. Escribe **Sí** al lado de los preparativos que ya están listos. Escribe **No** al lado de los que todavía no están listos e indica quién los va a hacer. (8 x 1.5 pts. each = 12 pts.)

Preparativos	¿Listos? Sí o No	Si no, ¿quién va a hacerlo?	
		Diana	**Johnny**
1. Itinerario			
2. Pasajes del aeropuerto al hotel			
3. Reservación de hotel			
4. Maletas de Johnny			
5. Maletas de Diana			
6. Pasaporte de Johnny			
7. Pasaporte de Diana			
8. Comprar una guía turística			

2 Definiciones Empareja cada palabra con su definición. (8 x 2 pts. each = 16 pts.)

1. _____ quedarse en un lugar a pasar la noche
2. _____ dentro de un barco, tren, avión, autobús
3. _____ palabras para recibir la llegada de un visitante
4. _____ deporte submarino
5. _____ pasada la fecha límite de un documento
6. _____ período de tiempo con mayor número de turistas
7. _____ tipo de hotel más barato y, generalmente, con menos comodidades
8. _____ billete que permite viajar a un destino y regresar al punto de salida

a. a bordo
b. albergue
c. alojarse
d. bienvenida
e. buceo
f. pasaje de ida y vuelta
g. temporada alta
h. vencido

3 Preguntas Reescribe estas oraciones transformando las afirmativas en negativas y viceversa. Usa el opuesto de las palabras subrayadas. (6 x 2 pts. each = 12 pts.)

modelo
Ella no conoce a <u>ningún</u> guía turístico.
Ella conoce a algunos guías turísticos.

1. Yo <u>siempre</u> viajo en avión. _____
2. Yo compré <u>algo</u> durante mis vacaciones. _____
3. Tú <u>tampoco</u> usas el cinturón de seguridad. _____
4. Ellos conocen <u>algunas</u> islas del Caribe. _____
5. No le dije el precio del hotel a <u>nadie</u>. _____
6. No me gusta viajar <u>ni</u> en noviembre <u>ni</u> en diciembre. _____

4 ¿Indicativo o subjuntivo? Completa las oraciones de forma lógica. Usa un verbo distinto en cada oración. (6 x 3 pts. each = 18 pts.)

1. Buscamos una agencia de viajes que _____.
2. Estamos esperando el tren que _____.
3. Esperan conocer un lugar que _____.
4. Necesitas un hotel que _____.
5. Van a visitar una ciudad que _____.
6. ¿Conoces una guía turística que _____?

5 Turismo Escribe frases usando comparativos, superlativos o superlativos absolutos. Usa las palabras que están en paréntesis. (6 x 3 pts. each = 18 pts.)

1. (excursión / costosa)

   _____

2. (edificio / viejo)

   _____

3. (museo / grande)

   _____

4. (playa / bonita)

   _____

5. (tren / rápido)

   _____

6. (comida / deliciosa)

   _____

6 Para pensar Lee el texto y contesta las preguntas.

"Perú ofrece dos tipos principales de turismo: el turismo vivencial y el turismo de aventura. El primero se caracteriza por alojar al viajero con una familia local que le enseña sus hábitos y costumbres. El turismo de aventura responde al interés en practicar diferentes clases de deportes, como subir montañas, navegar en canoa, hacer ciclismo en la nieve (*snow*), y hacer surf, entre otros."

¿Qué opinión tienes tú de estos dos tipos de turismo? En tu opinión, ¿qué tipo de viajero crees tú que está más interesado en cada uno de estos dos tipos de turismo? ¿Cuál prefieres tú?

Escribe una composición de seis oraciones como mínimo, expresando tu opinión con ejemplos.

(8 pts. for grammar + 8 pts. for vocabulary + 8 pts. for style = 24 pts.)

_____
_____
_____
_____
_____
_____
_____

PRUEBA C

Lección 5
Los viajes

1 Unas vacaciones inolvidables El año pasado la familia de Adriana no se ponía de acuerdo en sus planes de vacaciones. Escucha lo que pasó y contesta las preguntas. (7 x 2 pts. each = 14 pts.)

    1. ¿Dónde quería ir el padre de Adriana? _____

    2. ¿Dónde quería ir su madre? _____

    3. ¿Qué tipo de viajes le gustan a Adriana? _____

    4. ¿Qué hicieron al final? _____

    5. ¿Lo pasaron bien? ¿Por qué? _____

    6. ¿Qué problema tuvieron? _____

    7. ¿Qué medio de transporte utilizaron Adriana y su madre para volver a casa? _____

2 Una tarjeta postal Adriana le escribe una tarjeta postal a su mejor amigo. Escribe el texto de la postal utilizando al menos seis de las palabras de la lista (6 x 2 pts. each = 12 pts.)

a bordo	habitación	olas
aventura	itinerario	popa
crucero	navegar	puerto

_____.

_____.

_____.

_____.

_____.

_____.

3 ¿Qué prefieres? Compara los elementos de cada par utilizando las construcciones comparativas que has aprendido. (6 x 3 pts. each = 18 pts.)

    1. Nueva York / Buenos Aires _____

    2. viajar en avión / viajar en tren _____

    3. un crucero por el Adriático / unas vacaciones en la selva _____

    _____

    4. mis padres / yo _____

    5. un hotel de cinco estrellas / una casa rural _____

    _____

    6. las vacaciones / la vida cotidiana _____

Tests

4 Un viaje al Orinoco Susana y Miguel van a viajar a Venezuela para escribir un reportaje sobre ecoturismo. Completa estas oraciones de forma lógica utilizando el subjuntivo cuando sea necesario. ¡Sé creativo! (8 x 2.5 pts. each = 20 pts.)

1. Miguel y Susana tienen un guía que _____

2. Miguel y Susana necesitan un libro que _____

3. Susana quiere hacer un reportaje que _____

4. Miguel busca ropa que _____

5. En Venezuela, Susana y Miguel no conocen a nadie que _____

6. Miguel conoce a alguien en el hotel que _____

7. Susana tiene una prima en Venezuela que _____

8. Miguel quiere tomar unas fotos que _____

5 Llevar la contraria Has ido de viaje a Guatemala con tu mejor amigo y, de repente, descubres que no están de acuerdo en casi nada. Responde a sus comentarios o preguntas usando el opuesto de las palabras subrayadas. (8 x 2 pts. each = 16 pts.)

1. ¿No tienes <u>nada</u> de hambre? _____

2. ¿Conoces a <u>alguien</u> en Antigua? _____

3. <u>Siempre</u> me gusta desayunar en una terraza. _____

4. ¿Vamos a la playa de Monterrico <u>o</u> a Las Lisas? _____

5. <u>También</u> quiero ir a ver el volcán Tajumulco. _____

6. ¿Hay <u>alguna</u> excursión que te interese? _____

7. ¿Quieres comprar <u>algo</u> de recuerdo? _____

8. <u>Siempre</u> viajo con mucho equipaje. _____

6 Tu opinion Lee este fragmento del artículo "La ruta del café".

"Los altibajos (*ups and downs*) en los precios del café han llevado a los productores centroamericanos a diversificar sus actividades: han iniciado el cultivo de café orgánico, han creado cooperativas de comercio justo (*fair trade*) que buscan alcanzar precios más equitativos para productores y consumidores..."

¿Qué opinas de la idea del "comercio justo"? ¿Crees que puede contribuir a un mundo también más justo? En una hoja aparte, contesta estas preguntas en una composición breve. Escribe ocho oraciones como mínimo y expresa tu opinión con ejemplos.

(7 pts. for grammar + 7 pts. for vocabulary + 6 pts. for style = 20 pts.)

PRUEBA D

Lección 5
Los viajes

1 Unas vacaciones inolvidables Julio y su familia tenían ideas muy diferentes para las vacaciones de verano. Escucha lo que pasó y contesta las preguntas (7 x 2 pts. each = 14 pts.)

1. ¿Adónde quería ir el padre de Julio? _____
2. ¿Adónde quería ir su madre? _____
3. ¿Cuáles sitios le gustan a Julio? _____
4. ¿Qué hicieron al final? _____
5. ¿Lo pasaron bien? ¿Por qué? _____
6. ¿Qué problema tuvieron? _____
7. ¿Qué medio de transporte utilizaron Julio y su padre para volver a casa? _____

2 Una tarjeta postal Julio le escribe una tarjeta postal a su mejor amigo. Escribe el texto de la postal utilizando al menos seis de las palabras de la lista (6 x2 pts. each = 12 pts.)

alojamiento	guía turístico	pasaje
aventura	hotel	ruinas
campamento	maletas	selva

_____
_____
_____
_____
_____
_____

3 ¿Qué prefieres? Compara los elementos de cada par utilizando las construcciones comparativas que has aprendido. (6 x 3 pts. each = 18 pts.)

1. Toronto / Miami _____
2. viajar en avión / viajar en barco _____
3. un crucero por el Mediterráneo / unas vacaciones de ecoturismo _____
4. mis amigos / yo _____
5. la temporada alta / la temporada baja _____
6. un hotel de lujo / una tienda de campaña (tent) _____

4 Un viaje a la Ruta Maya Susana y Miguel van a viajar a Centroamérica para sacar fotos de la Ruta Maya. Completa estas oraciones de forma lógica, utilizando el subjuntivo cuando sea necesario. ¡Sé creativo! (8 x 2.5 pts. each = 20 pts.)

1. Miguel conoce a alguien en la selva que _____.
2. Miguel y Susana necesitan un guía que _____.
3. Miguel y Susana tienen unas maletas que _____.
4. Susana quiere sacar unas fotos que _____.
5. Miguel y Susana buscan a una persona que _____.
6. En Centroamérica Susana y Miguel no conocen a nadie que _____.
7. Susana tiene una tía en Guatemala que _____.
8. Miguel quiere ver un sitio arqueológico (*archeological site*) que _____.

5 Todo lo contrario Has ido de viaje a Costa Rica con tu mejor amigo y, de repente, descubres que no están de acuerdo en casi nada. Responde a sus comentarios o preguntas usando el opuesto de las palabras subrayadas. (8 x 2 pts. each = 16 pts.)

1. ¿Tienes <u>algo</u> de hambre? _____
2. ¿Conoces a <u>alguien</u> en Sarapiquí? _____
3. <u>Siempre</u> me gusta desayunar en la cama. _____
4. ¿Vamos a Puerto Limón <u>o</u> a Isla del Coco? _____
5. <u>También</u> quiero ir a San José. _____
6. ¿Hay <u>alguna</u> ruta histórica que te interese? _____
7. ¿Quieres comprar <u>algo</u> para llevarle a tu madre? _____
8. <u>Siempre</u> viajo con muchas maletas. _____

6 Tu opinion Lee la cita del escritor español Enrique Jardiel Poncela.

"Viajar es imprescindible y la sed de viaje, un síntoma neto de inteligencia."

¿Estas de acuerdo con esta cita? ¿Por qué crees que el autor hace una distinción entre viajar y la sed de viaje? ¿Cómo deben sentirse las personas que no pueden viajar porque no tienen dinero? En una hoja aparte, contesta estas preguntas en una composición breve. Escribe ocho oraciones como mínimo y expresa tu opinión con ejemplos. (7 pts. for grammar + 7 pts. for vocabulary + 6 pts. for style = 20 pts.)

PRUEBA E

Lección 5
Los viajes

1 No pertenece Identifica la palabra que no pertenece al grupo. (7 x 2 pts. each = 14 pts.)

1. a. despegar   b. alojarse   c. reservar   d. cancelar
2. a. itinerario   b. pasaje   c. accidente   d. tarjeta de embarque
3. a. congestionamiento   b. seguro   c. ruinas   d. cinturón de seguridad
4. a. crucero   b. navegar   c. puerto   d. albergue
5. a. turista   b. prohibido   c. temporada alta   d. vacaciones

2 Elegir Completa las oraciones con la palabra correcta. (5 x 2 pts. each = 10 pts.)

1. Al cruzar la frontera, el _____ revisó nuestras maletas.

   a. agente de aduanas   b. aventurero   c. turista

2. Si no usas el _____, puedes tener problemas con la policía.

   a. aviso   b. buceo   c. cinturón de seguridad

3. Para llegar a Miami, tuve que _____ en el aeropuerto de Quito.

   a. alojarme   b. hacer transbordo   c. irme de vacaciones

4. ¿Hacemos una _____ a la isla?

   a. excursión   b. despedida   c. selva

5. Como mi pasaporte estaba _____, no pude viajar a Cuba.

   a. incluido   b. vencido   c. vigente

3 Fin de semana Completa el texto con las palabras de la lista. (5 x 2 pts. each = 10 pts.)

> alojarnos   hacer un viaje   quedarnos   recorrer   reservar

Este fin de semana queremos (1) _____ a Costa Rica y (2) _____ sus playas. Nos recomendaron (3) _____ un carro de alquiler antes de viajar y (4) _____ en un hotel de buena categoría. Si los hoteles están todos llenos, tendremos que (5) _____ en la casa de mi suegro. ¡Ojalá consigamos una habitación en un hotel!

4 ¿Lógico o ilógico? Decide si las oraciones son **lógicas** o **ilógicas**. (5 x 2 pts. each = 10 pts.)

	Lógico	Ilógico
1. Mi vuelo está retrasado, así que llegaré antes.	_____	_____
2. ¿Quieres hacer buceo? ¡Qué aventurera eres!	_____	_____
3. En este albergue es obligatorio usar cinturón de seguridad.	_____	_____
4. Durante la temporada alta, todos los hoteles están llenos.	_____	_____
5. Los cruceros son barcos pequeños.	_____	_____

Tests

5 Isla favorita Completa el texto con superlativos o comparativos. (5 x 2 pts. each = 10 pts.)

Querido Federico:

Ayer leí un artículo sobre las (1) _____ (peores/mejores) islas del Caribe y la ganadora era tu isla, sí, Puerto Rico. En el artículo recomiendan visitar la Playa Flamenco, ¿tú conoces otras playas que no sean (2) _____ (tan /más) turísticas como ésta?

Estas vacaciones queremos ir a Puerto Rico con mi sobrino (3) _____ (peor/menor), ¿te acuerdas de él? Ahora ya tiene cinco años y le gusta correr de un lado para el otro. Por eso, lo (4) _____ (mejor/peor) que nos puede pasar es estar en una playa (5) _____ (menos llena/llenísima) de gente. ¡Dinos qué piensas!

Un abrazo,
Juliana.

6 ¡A comparar! Completa las oraciones con superlativos o comparativos. (5 x 2 pts. each = 10 pts.)

1. Mi maleta pesa diez kilos, la tuya pesa ocho kilos y la de Irene pesa sólo cinco kilos.
   Mi maleta es _____ de todas. (pesada)

2. Tu habitación costó 60 dólares y la mía, 20 dólares.
   Tu habitación es _____ que la mía. (cara)

3. Tu hotel se construyó en 2010. Mi hotel, también.
   Tu hotel es _____ como el mío. (antiguo)

4. En cuanto a elegancia, este hotel es el mejor de la ciudad.
   Este hotel es _____ de la ciudad. (elegante)

5. El servicio del albergue "Puerto Príncipe" es malísimo.
   El servicio de este albergue es _____ de toda la isla. (malo)

7 Queja Completa la carta del cliente con las palabras de la lista. Utiliza cada palabra una vez. (5 x 2 pts. each = 10 pts.)

| jamás | nada | nadie | ninguno | tampoco |

Estimado gerente:

Quiero quejarme por el mal servicio de su albergue. Cuando llegué eran las doce del mediodía y no había (1) <wol> en la recepción. ¡Una hora tuve que esperar! ¿Cómo puede ser que (2) <wol> de sus empleados estuviera disponible? Cuando finalmente apareció uno, me dijo que no sabía (3) <wol> de mi reserva, que el albergue estaba llenísimo y que debía buscarme otro lugar para alojarme.

Creo que (4) <wol> me trataron tan mal como aquí. Y lo peor de todo: ¡(5) <wol> me devolvieron lo que pagué como reserva! ¡No vuelvo nunca más!

Un saludo,
Santiago Sánchez

Tests

8 Expresiones negativas Completa las oraciones con las expresiones negativas apropiadas.
(5 x 2 pts. each = 10 pts.)

nada   nadie   ni siquiera   ningún   ninguna

1. El autobús estaba lleno y _____ había espacio para guardar la maleta.

2. No me gustó _____ de las excursiones que hicimos.

3. Durante el vuelo, no pudimos quitarnos el cinturón de seguridad en _____ momento.

4. No hay _____ que me guste más que hacer buceo.

5. Llamé a la oficina de turismo pero _____ me atendió.

9 ¿Subjuntivo o indicativo? Completa las oraciones con los verbos en subjuntivo o indicativo.
(5 x 2 pts. each = 10 pts.)

1. Liliana reservó una habitación en un hotel que _____ (tener) piscina y sauna.

2. No hay nadie que _____ (querer) venir de viaje conmigo.

3. Conozco a una mujer que _____ (trabajar) en ese hotel.

4. Estoy buscando mi equipaje (*luggage*). Se trata de dos maletas que _____ (ser) grandes
y rojas. Si las ve, ¿me avisa?

5. No hay ningún crucero que _____ (tener) habitaciones disponibles.

10 Consejo Estela quiere ir de vacaciones y le pide un consejo a su amigo Luis. Lee sus preguntas y
completa cada oración con los verbos adecuados. (5 x 2 pts. each = 10 pts.)

está   esté   sea   va   vaya

1. Necesito tu consejo. Busco un lugar de vacaciones que _____ cerca de la casa de mis padres
y pensé en tu pueblo.

2. ¿Me recomiendas que _____ a una agencia de viajes y que ellos se encarguen de todo?

3. ¿O tú puedes ayudarme? Tal vez conoces algún hotel que _____ bueno, bonito y barato.

4. Otra cosa: el hotel tiene que aceptar animales. Tengo a Ricky, mi perrito, que _____ a todos
lados conmigo.

5. Bueno, si no puedes ayudarme, iré a la agencia que _____ cerca de casa y preguntaré.

PRUEBA A

Lección 6
La naturaleza

1 Imágenes de la naturaleza Escucha la descripción que hace Laura de cinco fotografías que seleccionó para un proyecto escolar. Ordena las imágenes de acuerdo con la descripción. (5 × 3 pts. each = 15 pts.)

a.   b.   c.   d.   e.

_____   _____   _____   _____   _____

2 Vocabulario Selecciona la palabra que no está relacionada con cada grupo. (6 × 1.5 pt. each = 9 pts.)

1. desierto   cordillera   montaña   húmedo
2. trueno   relámpago   seco   tormenta
3. paisaje   conejo   serpiente   rana
4. terremoto   combustible   inundación   huracán
5. agotar   destruir   resolver   desaparecer
6. prevenir   proteger   conservar   amenazar

3 ¿Indicativo o subjuntivo? Completa las oraciones con la forma correcta del verbo entre paréntesis. (8 × 2 pts. each = 16 pts.)

1. Tan pronto como todos nosotros _____ (empezar) a conservar combustible, el aire estará menos contaminado.
2. Debemos conservar energía para que los recursos no _____ (agotarse).
3. Mientras la gente _____ (seguir) usando vasos y platos desechables, el problema de la basura no se va a resolver.
4. Cuando los carros híbridos _____ (salir) al mercado, costaban mucho dinero.
5. Antes de que los abuelos le _____ (comprar) un perrito a mi hijo, vamos a enseñarle muy bien a cuidarlo.
6. El calentamiento global sigue avanzando sin que nadie _____ (poder) hacer nada.
7. No les regales un gato a tus amigos, en caso de que _____ (ellos, ser) alérgicos.
8. Compraré los peces cuando _____ (ir) al centro.

   | 151 | **Lección 6** Prueba A

4 Preposiciones Completa las oraciones con palabras de la lista. Escribe X si no se necesita preposición.
(8 × 2 pts. each = 16 pts.)

a	con	hacia
al	conmigo/contigo/consigo	

A. Perdona que te escriba en lugar de hablar (1) _____ personalmente. Cuando vengo
(2) _____ tu casa, siento que tienes una actitud negativa (3) _____ mí.
¿No quieres hablar (4) _____? ¡(5) _____ lo que yo te aprecio!

B. —¿Sabes (6) _____ qué hora es el concierto?
—No estoy seguro, pero pienso ir (7) teatro ahora. ¿Quieres (8) _____ acompañarme?

5 Un mundo mejor Piensa en las cosas que tú puedes hacer para proteger el medio ambiente. Escribe seis
oraciones, combinando elementos de las dos columnas, para decir qué harás y qué no harás. Usa el futuro.
(6 × 3 pts. each = 18 pts.)

conservar	(el) agua
contaminar	(los) árboles
cuidar	(los) bosques
destruir	(el) combustible
malgastar	(la) electricidad
proteger	(las) especies en peligro de extinción
usar	(los) productos desechables

1. _____
2. _____
3. _____
4. _____
5. _____
6. _____

6 Para pensar Lee el texto y contesta las preguntas.

El ecólogo español Ramón Margalef dijo: "El hombre no sólo es un problema para sí, sino también para la
biosfera en que le ha tocado vivir". ¿Estás de acuerdo con esta afirmación? ¿Crees que los seres humanos se
causan tanto daño a ellos mismos como al medioambiente? ¿Piensas que el hombre causa más daño o más
beneficio al medioambiente? Expresa tu opinión con detalles. Escribe seis oraciones como mínimo. (9 pts.
for grammar + 9 pts. for vocabulary + 8 pts. for style = 26 pts.)

_____.
_____.
_____.
_____.
_____.
_____.
_____.
_____.
_____.

Tests

Nombre _____ Fecha _____

PRUEBA B

Lección 6
La naturaleza

1 Imágenes de la naturaleza Escucha la descripción que hace Laura de cinco fotografías que seleccionó para un proyecto escolar. Ordena las imágenes de acuerdo con la descripción. (5 × 3 pts. each = 15 pts.)

a. _____   b. _____   c. _____   d. _____   e. _____

2 Vocabulario Selecciona la palabra que no está relacionada con cada grupo. (6 × 1.5 pt. each = 9 pts.)

1. inundación	terremoto	cordillera	incendio
2. vaca	oveja	cerdo	pájaro
3. proteger	extinguirse	desaparecer	agotar
4. tóxico	renovable	dañino	venenoso
5. erosión	deforestación	desarrollo	calentamiento global
6. arrecife	costa	mar	montaña

3 ¿Indicativo o subjuntivo? Completa las oraciones con la forma correcta del verbo entre paréntesis. (8 × 2 pts. each = 16 pts.)

1. No le regales peces a Sara, a menos que ella te los _____ (pedir).
2. Cuando vamos a la ciudad, siempre _____ (visitar) el zoológico.
3. Existe un programa de conservación para que los ciudadanos _____ (aprender) todo sobre el reciclaje.
4. Prometo decirte la verdad, siempre que tú me _____ (prometer) mantenerla en secreto.
5. Las calles se inundaron (*flooded*) en cuanto _____ (empezar) la tormenta.
6. Puedes ducharte en mi casa, con tal de que no _____ (usar) demasiada agua.
7. Aunque el agua _____ (parecer) limpia, tiene sustancias tóxicas.
8. En cuanto _____ (llegar) a casa, llamaré a María.

Tests

4 Preposiciones Completa las oraciones con palabras de la lista. Escribe X si no se necesita preposición. (8 × 2 pts. each = 16 pts.)

a	**con**	**hacia**
al	**conmigo/contigo/consigo**	

A. —¿Viste (1) _____ Pedro, mi gatito? Oí su voz (2) _____ abrir la puerta, y cuando empecé a caminar (3) _____ la habitación, desapareció.

— (4) _____ mí no me preguntes. Sólo sé que debes abrir la puerta

(5) _____ cuidado.

B. Busco (6) _____ amigos para ir (7) _____ cine juntos. ¿Quieres ver una película (8) _____?

5 Un mundo mejor Piensa en lo que tú puedes hacer para cuidar el medio ambiente. Escribe seis oraciones con elementos de las dos columnas para decir qué harás y qué no harás. Usa el futuro. (6 × 3 pts. each = 18 pts.)

conservar	agua
cuidar	animales
destruir	árboles
malgastar	bosques
proteger	combustible
reciclar	especies en peligro de extinción
usar	plásticos y papel

1. _____
2. _____
3. _____
4. _____
5. _____
6. _____

6 Para pensar Lee el texto y contesta las preguntas.

El ecólogo español Ramón Margalef dijo: "El hombre no sólo es un problema para sí, sino también para la biosfera en que le ha tocado vivir". ¿Estás de acuerdo con esta afirmación? ¿Cómo se causa el hombre problemas a sí mismo? ¿De qué manera causa problemas al medio ambiente? Expresa tu opinión con detalles. Escribe seis oraciones como mínimo.

(9 pts. for grammar + 9 pts. for vocabulary + 8 pts. for style = 26 pts.)

_____.
_____.
_____.
_____.
_____.
_____.
_____.
_____.

PRUEBA C

Lección 6
La naturaleza

1 **Entrevista con la doctora Carvajal** Una especialista en temas del medio ambiente va a hablar en la radio. Escucha lo que dice y contesta las preguntas con oraciones completas.
(5 × 3 pts. each = 15 pts.)

    1. ¿Por qué está hablando en la radio la doctora?

    _____

    2. ¿Qué tipo de libro escribió?

    _____

    3. ¿Cuál es el formato del manual?

    _____

    4. ¿Qué cree la doctora Carvajal sobre el futuro del planeta?

    _____

    5. ¿Qué quiere la doctora que aprendan los niños y jóvenes de esta predicción?

    _____

2 **Descripciones** Escribe una descripción del lugar que aparece en la fotografía para un folleto turístico. Usa al menos seis de las palabras de la lista. (6 × 2 pts. each = 12 pts.)

a orillas de	arrecife	mar	pez
al aire libre	costa	palmera	playa

3 **La ecología** Completa las oraciones utilizando la forma adecuada del verbo entre paréntesis.
(6 × 3 pts. each = 18 pts.)

    1. A menos que (cambiar) _____ de hábitos agotaremos los recursos naturales.

    2. Debemos ahorrar agua antes de que (agotarse) _____.

    3. Siempre que (tener) _____ tiempo voy al trabajo en bicicleta.

    4. Cuando nosotros (reciclar) _____ toda nuestra basura, el mundo estará más limpio.

    5. Los ecologistas lucharán para que los animales no _____ (extinguirse).

    6. Aunque nosotros (ahorrar) _____ energía no es suficiente; es preciso utilizar energía limpia.

4 Historias de ciencia ficción En el año 2150 los seres humanos vivirán en contacto con la naturaleza, respetando el medio ambiente. Imagina cómo será la vida de tus descendientes y haz predicciones contestando estas preguntas. (7 × 3 pts. each = 21 pts.)

1. ¿Qué harán y dónde vivirán tus descendientes?

   _____

2. ¿Cómo serán los bosques?

   _____

3. ¿Qué pasará con los peces, los ríos y el mar?

   _____

4. ¿Qué ocurrirá en las ciudades?

   _____

5. ¿Cómo se transportarán las personas?

   _____

6. ¿Qué comerán las personas?

   _____

7. ¿Cómo vivirán los animales?

   _____

5 Instrucciones Daniel se va unos días a acampar a un parque natural y necesita dejar a su mascota en la oficina. Imagina que eres Daniel. Escribe una nota con instrucciones para tus compañeros. Usa las palabras y frases de la lista. (7 × 2 pts. each = 14 pts.)

a	conmigo	hacia las ocho
a las ocho	con cariño	hacia la ventana
con		

_____

_____

_____

_____

_____

6 Para pensar Lee el texto y contesta las preguntas.

"El hombre no sólo es un problema para sí, sino también para la biosfera en que le ha tocado vivir" (Ramón Margalef, ecólogo español)

¿Estás de acuerdo con esta afirmación de Ramón Margalef? ¿En qué aspectos piensas que el hombre es un peligro para la biosfera y el medio ambiente? ¿Qué soluciones se te ocurren al respecto?

En una hoja aparte, expresa tu opinión con detalles. Escribe seis oraciones como mínimo.

(7 pts. for grammar + 7 pts. for vocabulary + 6 pts. for style = 20 pts.)

Tests

PRUEBA D   # Lección 6
                                                               ## La naturaleza

1 Entrevista con la doctora Carvajal Una especialista en temas del medio ambiente va a hablar en la radio. Escucha lo que dice y contesta las preguntas con oraciones completas. (5 × 3 pts. each = 15 pts.)

1. ¿En qué consiste el último libro de la doctora?

   _____

2. ¿Qué dice la doctora Carvajal sobre el futuro del mundo animal?

   _____

3. ¿Cómo empieza la historia?

   _____

4. ¿Sobre qué habla el cuento número tres?

   _____

5. Según esta predicción, ¿qué les va a pasar a los pájaros?

   _____

2 Descripciones Escribe una descripción atractiva del lugar que aparece en la fotografía para un folleto turístico. Usa al menos seis de las palabras de la lista. (6 × 2 pts. each = 12 pts.)

el aire libre	desierto	paisaje	serpiente
cielo	montaña	seco/a	venenoso/a

   _____

   _____

   _____

   _____

   _____

   _____

_____

_____

3 La ecología Completa las oraciones utilizando la forma adecuada del verbo entre paréntesis. (6 × 3 pts. each = 18 pts.)

1. A menos que (ahorrar) _____ agua, tendremos problemas de sequía.

2. Debemos utilizar energías renovables antes de que (agotarse) _____ los recursos naturales.

3. Siempre que (tener) _____ tiempo, voy al trabajo caminando.

4. Cuando nosotros (proteger) _____ a las especies en peligro, estaremos contribuyendo a la biodiversidad.

5. La organización Greenpeace lucha para que las ballenas no (extinguirse) _____ .

6. Aunque nosotros (reciclar) _____ , no es suficiente; es preciso consumir menos.

Tests

4 Historias de ciencia ficción En el año 2150 los seres humanos vivirán en contacto con la naturaleza, respetando el medio ambiente. Imagina cómo será la vida de tus descendientes y haz predicciones contestando estas preguntas. (7 × 3 pts. each = 21 pts.)

1. ¿Qué harán y dónde vivirán tus descendientes?

   _____

2. ¿Cómo estarán los campos y los árboles?

   _____

3. ¿Qué ocurrirá con las playas y el mar?

   _____

4. ¿Qué pasará con el tráfico en las ciudades?

   _____

5. ¿Qué medio de transporte utilizarán las personas?

   _____

6. ¿Cómo serán las casas?

   _____

7. ¿Qué relación tendrá el hombre con los animales?

   _____

5 Instrucciones Estela se va unos días de vacaciones a la montaña y necesita dejar a su perrita Lulú con sus compañeros de trabajo. Imagina que eres Estela. Escribe una nota con instrucciones para tus compañeros. Usa las palabras y frases de la lista. (7 × 2 pts. each = 14 pts.)

a la mesa	con cuidado	hacia las cinco
a las siete	conmigo	hacia otros perros
con		

_____

_____

_____

_____

_____

6 Tu opinión Lee este fragmento del artículo "Los bosques del mar" y contesta las preguntas.

"Lamentablemente, los arrecifes están en peligro por culpa de la mano del hombre. La construcción desmedida en las costas y la contaminación de las agua por los desechos (*waste*) de las alcantarillas (*sewers*) provocan una sedimentación que enturbia el agua y mata el coral […] La pesca descontrolada, el exceso de turismo y la recolección de coral por parte de los buceadores son otros de sus grandes enemigos."

¿Conoces alguna otra especie animal o vegetal que esté en peligro de extinción? ¿Por qué se produce la extinción de las especies? ¿Qué podemos hacer nosotros para proteger a las especies en peligro?

En una hoja aparte, expresa tu opinión con detalles. Escribe seis oraciones como mínimo.

(7 pts. for grammar + 7 pts. for vocabulary + 6 pts. for style = 20 pts.)

 Lección 6 Prueba D

Tests

PRUEBA E

Lección 6
La naturaleza

1 Definiciones Elige la palabra adecuada para cada definición. (5 x 2 pts. each = 10 pts.)

capa de ozono	incendio	peligro de extinción
deforestación	inundación	

1. Fenómeno natural que destruye los hogares con agua: _____

2. Cuando un especie está en riesgo de desaparecer: _____

3. Masa de oxígeno que rodea la tierra y la protege de la radiación ultravioleta: _____

4. Ocurrencia de fuego no controlada: _____

5. Desaparición de los bosques en un terreno: _____

2 Bolsas de plástico Completa el texto con las palabras de la lista. (7 x 2 pts. each = 14 pts.)

aire libre	contribuye	protegen	recursos naturales
contaminan	desechable	reciclar	

Día internacional sin bolsas de plástico

Imagina que estás en el mercado y pides una bolsa de plástico (1) _____ para guardar la compra... La próxima vez, no lo hagas: ¡las bolsas de plástico (2) _____ el medio ambiente! ¿Y sabías que (3) _____ estas bolsas es más caro que fabricarlas de nuevo? (4) _____ a cuidar el planeta y únete a nosotros para celebrar este 3 de julio el Día internacional sin bolsas de plástico. Haremos un picnic al (5) _____ y estaremos repartiendo bolsas reutilizables que (6) _____ nuestro planeta. Ayuda a cuidar nuestros (7) _____ y ¡no te quedes sin la tuya!

3 ¿A qué se refieren? Indica a qué lugar o fenómeno natural se refiere cada persona. (8 x 2 pts. each = 16 pts.)

1. Es un lugar con mucha arena, muy poca agua y donde hace calor.

   a. cordillera   b. desierto   c. bosque

2. Es un lugar donde puedo bucear y ver corales.

   a. arrecife   b. campo   c. cordillera

3. Es un fenómeno natural que incluye truenos y relámpagos.

   a. tormenta   b. incendio   c. paisaje

4. Es una serie de montañas.

   a. sequía   b. cordillera   c. desarrollo

Tests

5. Es un lugar donde hay una granja con vacas y caballos.

    a. campo   b. conejo   c. erosión

6. Es un lugar donde puedo nadar.

    a. combustible   b. terremoto   c. mar

7. Es un animal que vive en el mar.

    a. vaca   b. oveja   c. pez

8. Es un lugar con muchas plantas y animales que es muy húmedo.

    a. capa de ozono   b. bosque lluvioso   c. trueno

4 Un día de excursión Completa el texto con los verbos en futuro. (10 x 2 pts. each = 20 pts.)

Aquí tenemos el itinerario de nuestra excursión: nos levantaremos y, a las ocho,

(1) _____ (desayunar) en el hotel. Según lo que coman, el desayuno

(2) _____ (valer) entre 5 y 7 dólares. No tendremos mucho tiempo para desayunar, porque

a las nueve en punto (3) _____ (salir) el autobús hacia el bosque. Al llegar al bosque, a

las diez, (4) _____ (pasear) tranquilamente y podremos sacar fotos de los animales y las

plantas. A las doce, (5) _____ (visitar) el refugio y allí mismo almorzaremos. A las dos

habrá un taller donde (6) _____ (reciclar) papel juntos. Dos horas después

(7) _____ (volver) al hotel. A las cinco, un grupo de viajeros

(8) _____ (comprar) comida en el supermercado y otro grupo luego

(9) _____ (hacer) la cena. Después de la cena, a las ocho, (10) <wol> (ver) un documental

sobre el calentamiento global.

5 ¿Indicativo o subjuntivo? Completa las oraciones con el verbo adecuado en indicativo o subjuntivo.
(10 x 2 pts. each = 20 pts.)

1. Me enojo muchísimo siempre que _____ (digas/dices) que no te importa el medio ambiente.

2. A menos que _____ (estemos/estamos) fuera de la ciudad, iremos a tu fiesta de cumpleaños.

3. Para que no se _____ (extinguen/extingan) los tigres, hay que cuidar su ecosistema.

4. Siempre lloro cuando _____ (estoy/esté) mirando documentales de animales en peligro
de extinción.

5. Cuando _____ (acaba/acabe) el invierno, los osos salen de sus cuevas (*caves*).

6. ¿Qué haremos cuando el combustible se _____ (acaba/acabe)?

7. Haré todo lo posible para que él me _____ (dice/diga) la verdad.

8. La deforestación disminuirá cuando el gobierno _____ (proteja/protegen) los bosques.

9. Siempre que se _____ (extinguen/extingan) especies, nuestro planeta pierde diversidad.

10. Si bien nosotros _____ (protegemos/protejamos) la fauna de la cordillera, sigue habiendo mucha
caza ilegal.

Tests

6 Preposiciones Elige la preposición correcta para completar cada oración. (10 x 2 pts. each = 20 pts.)

1. ¿Llevas siempre la computadora portátil _____?

   a. contigo   b. consigo   c. conmigo

2. Se terminaron las vacaciones: ¡ahora _____ trabajar!

   a. a   b. hacia   c. con

3. ¿Viste _____ tu hermana? Está subida a un árbol.

   a. a   b. hacia   c. con

4. El crucero se dirige _____ la costa.

   a. a   b. hacia   c. con

5. Trata a los animales _____ muchísimo cuidado.

   a. a   b. hacia   c. con

6. ¡Ensuciaste el sillón de nuevo! ¡_____ todo el tiempo que estuve limpiándolo!

   a. A   b. Hacia   c. Con

7. Los manifestantes no están contentos _____ la decisión del gobierno.

   a. a   b. hacia   c. con

8. Fui _____ a la manifestación el viernes pasado, ¿recuerdas?

   a. conmigo   b. contigo   c. consigo

9. En el bosque no debes darles de comer _____ los animales.

   a. a   b. hacia   c. con

10. Inés tiene una actitud muy negativa _____ el trabajo.

    a. a   b. hacia   c. con

Tests

Nombre _____ Fecha _____

EXAMEN   ## Lecciones 1–3

1 Pareja con problemas Escucha con atención un segmento de un programa de radio y después indica si cada una de las afirmaciones es **cierta** o **falsa**. (6 x 1.5 pts. each = 9 pts.)

	Cierto	Falso
1. La señora está en una situación desesperada.	____	____
2. La pareja lleva 3 años de casados.	____	____
3. A ella le hace mucha falta su esposo.	____	____
4. El esposo quiere visitar a su esposa.	____	____
5. Ella está muy disgustada.	____	____
6. A la señora le encanta la vida en la ciudad.	____	____

2 Vocabulario Completa el párrafo con las palabras de la lista. (6 x 1 pt. each = 6 pts.)

autoritario/a	pareja	tacaño/a
inseguro/a	seguro/a	tímido/a
mentiroso/a	soltero/a	tranquilo/a

Susana y Carlos son una (1) _____ joven. Susana es una mujer muy madura y
(2) _____ de sí misma (*of herself*). Le gusta hacer las cosas a su manera y no le gusta
cuando alguien no le hace caso; puede decirse que es una mujer (3) _____.
Carlos, por el contrario, es (4) _____ y también un poco (5) _____.
A veces es un poco (6) , pero nunca le miente a Susana.

3 Fin de semana Emilia es una nueva compañera de trabajo. Andrés le cuenta sobre lo que hacen sus compañeros los fines de semana. Completa el diálogo con los verbos en presente. (8 x 1 pt. each = 8 pts.)

alquilar una película	hacer mandados	quitar el polvo
conseguir	ir	reunirse
divertirse	lavar	salir

ANDRÉS Los fines de semana todos hacemos algo distinto. Carlos hace todos los quehaceres: (1)
_____ su ropa y además (2) _____
a todo su apartamento. María (3) _____ muchísimo, siempre
(4) _____ con sus amigas y se van a bailar. Édgar
(5) _____ y se queda en casa.

EMILIA ¿Y tú, qué haces?

ANDRÉS Yo (6) _____ a comer o (7) _____ al cine o al
teatro. ¿Te gustaría acompañarme? Yo (8) _____ los boletos.

© by Vista Higher Learning, Inc. All rights reserved. | 162 | **Lecciones 1-3** Examen

4 Gustar Escribe seis oraciones originales combinando elementos de las tres columnas. Usa el presente. (6 x 2 pts. each = 12 pts.)

yo	aburrir	el centro comercial
la actriz Salma Hayek	encantar	coquetear
mi familia	importar	enamorarse
mi mejor amigo/a	gustar	expresar los sentimientos
nosotros/as	hacer falta	hacer deportes
tus amigos y tú	molestar	los fines de semana

1. _____
2. _____
3. _____
4. _____
5. _____
6. _____

5 Objetos directos e indirectos Reescribe estas oraciones sustituyendo las palabras subrayadas con pronombres de complemento directo e indirecto. (8 x 1 pt. each = 8 pts.)

modelo

Juan le dio un libro a Marcos.

Juan se lo dio.

1. Mis padres me regalaron un juego de ajedrez a mí. _____
2. Le preparas una cena elegante a tu mejor amigo. _____
3. Nos dijo que él no hizo esos mandados. _____
4. Pablo quiere regalarle sus discos favoritos. _____
5. Nos van a comprar las entradas a nosotros. _____
6. Debo llevar a José al concierto en el parque. _____
7. Javier les dio una aspiradora a sus hermanas. _____
8. Tú les dices mentiras a tus amigos. _____

6 El comentarista Completa el párrafo con el pretérito o el imperfecto. (7 x 1 pt. each = 7 pts.)

El sábado pasado en nuestro programa "Actualidad" (nosotros) (1) _____
(tener) como invitado al famoso comentarista deportivo José Ramón García. Sin embargo, él no
(2) _____ (venir) al programa para hablar de deportes, sino de su primer
trabajo en una pequeña emisora de radio. Él nos (3) _____ (contar) que
cuando (4) _____ (tener) dieciocho años (5) _____
(decidir) irse a la ciudad a buscar trabajo. José Ramón (6) _____ (ser) un
chico muy hablador y con mucho talento y, por eso, (7) _____ (poder)
encontrar trabajo como comentarista deportivo muy rápidamente.

7 La visita de la madre de Miguel Rosa y Marina son amigas de Miguel y se encuentran en una cafetería para tomar un café. Completa la conversación con la forma adecuada de **ser** o **estar**. (8 x 1 pt. each = 8 pts.)

ROSA ¡Tú (1) _____ muy elegante hoy!

MARINA Gracias. Voy a salir a cenar con mi novio.

ROSA ¡Qué bien! Y, ¿adónde van a ir?

MARINA Queremos ir al restaurante Magia. (2) _____ nuevo. ¿Sabes? Hoy por fin hablé con Miguel. Su madre vino de España y ahora (3) _____ con él.

ROSA Su madre (4) _____ de Madrid, ¿verdad?

MARINA No, de Sevilla. Pobrecita, ahora ella (5) _____ aburrida porque no conoce a nadie.

ROSA Claro, Miguel (6) _____ ocupado con su trabajo. Oye, ¿por qué no la invitamos a salir con nosotras?

MARINA ¡Qué buena idea! Y ¡qué amable (7) _____ (tú)!

ROSA ¡Ay! Ya (8) _____ las cinco y media. Te veo más tarde, ¿vale?

8 ¿Qué están haciendo? Imagina qué están haciendo estas seis personas a las tres de la tarde de un lunes. Utiliza el presente progresivo de seis verbos diferentes. Usa tu imaginación. (6 x 1 pt. each = 6 pts.)

1. Un jugador de fútbol _____
2. Una actriz _____
3. na estudiante de español _____
4. Los empleados del zoológico _____
5. Una pareja que se casa el sábado _____
6. Dos niños de ocho años _____

9 El fin de semana pasado Escribe una breve composición sobre lo que hiciste el fin de semana pasado. Utiliza formas regulares e irregulares del pretérito de al menos ocho verbos distintos.
(3 pts. for grammar + 3 pts. for vocabulary + 2 pts. for style = 8 pts.)

10 De niño/a Piensa en qué hacías cuando eras niño/a: qué quehaceres hacías, qué te gustaba, qué cosas no hacías nunca, etc. Escribe una breve composición usando formas regulares e irregulares del imperfecto. Utiliza al menos ocho verbos distintos.
(4 pts. for grammar + 3 pts. for vocabulary + 3 pts. for style = 10 pts.)

_____

_____

_____

_____

_____

_____

_____

_____

11 La rutina de un(a) compañero/a Imagina la rutina diaria de un(a) compañero/a de clase y descríbela en seis oraciones. Utiliza seis verbos reflexivos distintos. (6 x 1 pt. each = 6 pts.)

_____

_____

_____

_____

_____

_____

_____

_____

12 Costumbres de la vida diaria Imagina que recibes en tu casa a un(a) estudiante de intercambio de otro país. Antes de que llegue, escríbele un correo electrónico donde le cuentas a él/ella sobre las costumbres diarias de tu cultura a las que tendrá que acostumbrarse. Considera las compras diarias, los horarios y las comidas, la familia, los hábitos de limpieza, etc.
(4 pts. for grammar + 4 pts. for vocabulary + 4 pts. for style = 12 pts.)

_____

_____

_____

_____

_____

_____

_____

_____

Exams

EXAMEN

Lecciones 4–6

1 Paco se va a Puerto Rico Escucha la historia con atención y después indica si las oraciones son **ciertas** o **falsas**. (12 x 1 pt. each = 12 pts.)

	Cierto	Falso
1. Paco quiere irse de vacaciones con su mamá.	____	____
2. Paco se va para Puerto Rico.	____	____
3. Paco trabajó allí unos años.	____	____
4. Ellos llegarán el sábado a las diez de la mañana.	____	____
5. Se alojarán en un hotel de cinco estrellas.	____	____
6. Según el pronóstico del tiempo, lloverá todo el fin de semana.	____	____
7. El sábado irán a la playa y a navegar.	____	____
8. El sábado irán a cenar y a un concierto.	____	____
9. El domingo por la mañana se levantarán temprano.	____	____
10. Desayunarán en la habitación.	____	____
11. Después, pasearán por el centro de la ciudad.	____	____
12. Volverán al hotel para almorzar y luego saldrán para el aeropuerto.	____	____

2 Vocabulario Completa las frases con la opción más lógica de la lista. (10 x 1 pt. each = 10 pts.)

a. renovable	d. sana	g. la capa de ozono	j. una inyección
b. las enfermedades	e. para el dolor	h. de aduanas	k. el vuelo
c. vigente	f. de habitaciones	i. agua	l. de ánimo

1. perder _____
2. el estado _____
3. malgastar _____
4. el agente _____

5. prevenir _____
6. la destrucción de _____
7. la fuente de energía _____

8. pastillas _____
9. pasaporte _____
10. alimentación _____

3 El verano que viene Completa las oraciones utilizando la forma adecuada del futuro.
(8 x 1 pt. each = 8 pts.)

El verano que viene yo (1) _____ (volver) a Venezuela para practicar español.

Mi familia me (2) _____ (visitar) y todos nosotros (3) _____

(ir) de vacaciones a la playa. Allí, nosotros (4) _____ (tomar) el sol y

(5) _____ (salir) por la noche. Mi novia (6) _____ (venir)

a visitarme en agosto. En una noche romántica yo le (7) _____ (decir) que

quiero casarme con ella. Ella se (8) _____ (poner) muy contenta y celebraremos

la boda en Venezuela un año más tarde.

4 Comparaciones Compara la información de estas oraciones. Sigue el modelo. (5 x 2 pts. each = 10 pts.)

modelo

Linda come poco. Pablo come mucho.

Linda come menos que Pablo.

1. Javier corre muy rápido. Alberto corre muy rápido también.

   _____

2. Yo tengo 19 años. Mi hermano tiene 17 años.

   _____

3. Sonia tiene dolor de estómago. Su hermana tiene dolor de estómago y dolor de garganta.

   _____

4. Mi gimnasio no es muy caro. Tu gimnasio no es caro tampoco. Cuestan lo mismo.

   _____

5. Alejandro es bueno jugando al fútbol, pero Rodolfo es buenísimo jugando al fútbol.

   _____

5 *Por* o *para* Completa las oraciones con **por** o **para**, según el contexto. (8 x 1 pt. each = 8 pts.)

1. La semana que viene salimos _____ Puerto Rico.
2. _____ lo general, viajamos poco.
3. Mira, no es _____ tanto. Llama a la aerolínea y pregunta si podemos llevar al perro.
4. Mañana _____ la mañana, pasaré _____ ti camino al aeropuerto.
5. He conseguido comprar los billetes de avión _____ sólo 300 dólares.
6. Tengo miedo de volar y _____ eso quiero que viajes conmigo.
7. Tu secretaria ha venido _____ darte los papeles y, _____ lo visto,
   ya se ha ido.
8. Mi tío trabaja _____ esta aerolínea.

6 Para estar más sano Reescribe estas frases en forma de mandatos para decirles a tus amigos Pedro y Mati qué deben hacer para estar sanos y felices. (6 x 1.5 pts. each = 9 pts.)

Mati:

1. no preocuparse por cosas triviales _____
2. levantarse temprano _____
3. tener cuidado con la comida grasienta _____

Pedro y Mati:

4. dejar de trasnochar _____
5. hacer favores a sus amigos _____
6. no salir hasta muy tarde _____

Exams

7 Conversación Completa la conversación con las palabras apropiadas de la lista. (7 x 1 pt. = 7 pts.)

algo	ningún/ninguna/ningunos/ningunas	también
algún/alguna/algunos/algunas	nunca	tampoco
nadie	o	
ni... ni	siempre	

JUAN CARLOS ¿Conoces (1) _____ agencia de viajes especializada en cruceros?

ANA MARÍA No, no conozco (2) _____. ¿Estás planeando (3) _____?

JUAN CARLOS Sí, una sorpresa para mis padres.

ANA MARÍA ¡Qué bueno eres! (4) _____ estás pensando en los demás. ¡No hay (5) _____ como tú!

JUAN CARLOS Tú (6) _____ haces cosas buenas por tus padres, ¿no?

ANA MARÍA Sí, pero (7) _____ les he planeado (*have planned*) unas vacaciones.

8 Un mundo mejor Completa estas oraciones sobre el medio ambiente de manera lógica. (6 x 1 pt. each = 6 pts.)

1. Para cuidar la naturaleza es importante que _____
2. Para ahorrar agua, te sugiero que _____
3. Para conservar los recursos naturales es necesario _____
4. Debemos reciclar para que _____
5. Nosotros nos oponemos a que _____
6. Es una lástima que _____

9 Completa Completa las oraciones de manera lógica. Utiliza el presente de indicativo, el presente de subjuntivo o el infinitivo, según el contexto. (6 x 1.5 pts. each = 9 pts.)

1. Necesito un carro que _____, ¡pero no existe!
2. Acaban de lanzar (*launch*) un carro que _____
3. No vamos a resolver los problemas a menos que _____
4. Este tipo de pez necesita vivir en aguas que _____
5. Tan pronto como _____, iré al parque.
6. Recuerda pedir permiso antes de _____

10 ¿Cómo es tu lugar ideal para vivir? ¿Quieres vivir en una ciudad grande o prefieres un lugar donde tengas contacto con la naturaleza? Escribe un párrafo de cuatro oraciones describiendo el lugar donde vives y el lugar donde quieres vivir algún día. Usa las frases de la lista u otras similares. (4 x 1.5 pts. each = 6 pts.)

> Vivo en una ciudad/un pueblo que...
>
> Todos los días camino por calles/barrios/parques que...
>
> Algún día quiero vivir en un lugar que...
>
> Espero tener una casa/un apartamento que...

_____

_____

_____

_____

_____

_____

11 Cuando tenga setenta años Describe cómo cuidarás tu salud cuando tengas setenta años. Compara lo que harás a esa edad con lo que haces ahora. Escribe al menos cuatro oraciones. (4 x 1.5 pts. each = 6 pts.)

_____

_____

_____

_____

_____

_____

_____

_____

_____

12 Un viaje Tu mejor amigo va a viajar a un lugar que tú ya conoces. Escríbele un mensaje de correo electrónico recomendándole adónde puede ir y dándole consejos sobre el viaje. Escribe una breve composición de cinco oraciones usando mandatos y el presente de subjuntivo. (3 pts. for grammar + 3 pts. for vocabulary + 3 pts. for style = 9 pts.)

_____

_____

_____

_____

_____

_____

_____

_____

_____

_____

_____

Exams

EXAMEN

Lecciones 1–6

1 Planeando Escucha atentamente la conversación entre dos hermanos, Paloma y Tony, y después contesta las preguntas. (6 × 1.5 pts. each = 9 pts.)

1. ¿Qué están planeando Paloma y Tony? ¿A quién(es) tienen que contarle(s) sus planes?
   _____

2. ¿Cuál es la idea de Paloma? ¿Qué actividades pueden hacer?
   _____

3. ¿Qué no necesitan para la idea de Paloma?
   _____

4. Según Paloma, ¿cómo se siente Tony últimamente?
   _____

5. ¿Cuál es la idea de Tony? ¿Qué actividades pueden hacer?
   _____

6. ¿Por qué le gusta a Paloma la idea de Tony?
   _____

2 Vocabulario Completa las oraciones con las palabras de la lista. Conjuga los verbos cuando sea necesario. (7 × 1 pt. each = 7 pts.)

aire libre	contaminación	global	renovable
arrecife	dar de comer	malgastar	tormenta
calentamiento	extinguirse	orilla	tóxico

1. Mi primo trabaja en el zoológico de Madrid y tiene que _____ a los leones.
2. Nos encanta pasear en la playa por la _____ del mar.
3. El meteorólogo ha dicho que mañana va a haber una _____.
4. En las grandes ciudades, como en la Ciudad de México o Los Ángeles, hay mucha _____.
5. Los partidos de fútbol se juegan siempre al _____.
6. Todos los días _____ especies de animales y plantas en nuestro planeta.
7. Necesitamos más formas de energía _____.

3 La rutina Completa el párrafo, de manera lógica, con la forma apropiada de los verbos reflexivos de la lista. (7 × 1 pt. each = 7 pts.)

aburrirse	alegrarse	llamarse	quejarse
acostarse	despertarse	quedarse	sorprenderse

Mi tío (1) _____ Manuel Muñoz y es muy simpático. Los fines de semana él y su esposa (2) _____ temprano, pero (3) _____ en la cama mirando televisión o leyendo el periódico hasta las nueve. Ellos nunca (4) _____ porque son muy activos y siempre tienen una agenda muy ocupada. A menudo, Laura, mi tía, (5) _____ de que los días pasen tan rápido, pero ellos son muy positivos y nunca (6) _____ de nada. Yo creo que son estupendos y (7) _____ de tenerlos en mi familia.

Lecciones 1-6 Examen

4 Preguntas personales Contesta estas preguntas personales con oraciones completas usando los verbos entre paréntesis. Da ejemplos para cada respuesta. (5 × 1 pt. each = 5 pts.)

1. ¿Cuáles son tus pasatiempos favoritos? (saber/encantar)

   _____

2. ¿Qué tipo de música escuchas? (escuchar/preferir)

   _____

3. ¿Qué piensas del cine o la televisión de tu país? ¿Y de otros países? (pensar/poder)

   _____

4. ¿Qué rutina tienes los días de semana? (hacer/levantarse)

   _____

5. ¿Cómo es tu relación con tus padres? (ser/pedir)

   _____

5 Pronombres Contesta las preguntas sustituyendo las palabras subrayadas con pronombres de complemento directo o indirecto. (5 × 1 pt. each = 5 pts.)

> *modelo*
> ¿Les prestas los libros a tus compañeros?
> *Sí, se los presto.*

1. ¿Quieres comprarle el pasaje de autobús a tu novia? Sí, _____

2. ¿Puedes pedirle consejos a tu amigo Miguel? Sí, _____

3. ¿Les mandan ustedes las invitaciones de la fiesta de cumpleaños a sus amigos de los Estados Unidos?
   No, _____

4. ¿Conoces a la doctora Aragón? Sí, _____

5. ¿Le preguntas a la recepcionista sobre el horario de esta oficina?
   Sí, ahora mismo _____

6 Por o para José quiere ir de viaje y le escribe un mensaje de correo electrónico a Cristina. Escribe la letra de la frase apropiada en los espacios para formar oraciones lógicas. (8 × 0.75 pt. each = 6 pts.)

a. por lo visto	c. para conocer Centroamérica	e. por saber	g. para mí
b. para Costa Rica	d. por 200 dólares	f. por lo menos	h. por cierto

Hola, Cristina:

¿Sabes la gran noticia? ¡Por fin me decidí a hacer un viaje (1) _____! El otro día compré un pasaje barato, tan sólo (2) _____. Salgo el sábado en avión

(3) _____. Estaré allí poco tiempo, pero espero visitar dos ciudades

(4) _____, además de la capital, San José. (5) _____, tengo una pregunta: ¿quieres venir conmigo? (6) _____, va a ser más divertido si tú vienes conmigo. Además de hacer turismo, también podemos hacer ejercicio ya que,

(7) _____, el hotel hasta tiene un gimnasio enorme y hay clases de yoga. Yo voy a llevar mi ropa deportiva. Bueno, espero tu respuesta. ¡Estoy ansioso (8) _____ qué piensas!

Exams

7 ¿Divertidos o aburridos? Escribe una breve composición en la que le cuentas a un(a) amigo/a nuevo/a lo que tú y tus amigos/as hacen los fines de semana. Usa los cuatro verbos de la lista y el vocabulario relacionado con las diversiones. (4 × 1 pt. each = 4 pts.)

aburrir	**(no) gustar**
encanta	**(no) interesar**

¡Hola, amigo/a!

Te escribo para contarte… _____

_____

_____

_____

_____

_____

_____

_____

8 Comparativos Completa estas oraciones con los comparativos y superlativos que se dan en las opciones. (5 × 1 pt. each = 5 pts.)

1. Jugar al fútbol es _____ divertido que mirar la televisión.

   a. tan   b. más   c. tanto

2. Correr es tan bueno para la salud _____ nadar.

   a. como   b. que   c. de

3. El año pasado hice más _____ dos viajes.

   a. que   b. de   c. como

4. Reciclar es la _____ solución contra el agotamiento de las fuentes de energía.

   a. mejor   b. menor   c. menos

5. El hotel no tenía _____ habitaciones como esperábamos.

   a. tan   b. tanto   c. tantas

9 De viaje en Bogotá Completa esta postal que le escribe Marta a sus padres. Usa la forma apropiada del pretérito o el imperfecto del verbo entre paréntesis, según corresponda. (10 × 1 pt. each = 10 pts.)

¡Hola, papá y mamá!

¿Cómo les va? Yo (1) _____ (llegar) a Bogotá hace tres días. Lo primero que

(2) _____ (hacer) fue visitar el Museo de Arte Moderno, pero no

(3) _____ (ser) fácil encontrarlo. De todas maneras, (4) _____

(divertirse) con la búsqueda del museo, porque cada vez que (5) _____ (estar)

perdida, (6) _____ (parar) para pedirle instrucciones a alguien sobre cómo llegar

y (7) _____ (nosotros, quedarse) conversando un poco. (8) _____

(Conocer) a gente muy interesante, entre ellas una chica que se llama Laura. Nosotras

(9) _____ (hablar) media hora y esa misma noche (10) _____ (ir)

juntas al Festival de Teatro Latinoamericano.

Exams

10. **Personas y escenas** Mira las ilustraciones y escribe tres oraciones para cada una de ellas. Describe el aspecto físico y el estado de ánimo de cada persona —usando los verbos **ser** y **estar**— y escribe qué están haciendo. Usa tu imaginación. (9 × 1 pt. each = 9 pts.)

Silvia

1. _____
2. _____
3. _____

Héctor

4. _____
5. _____
6. _____

Pedro y Mario

7. _____
8. _____
9. _____

11 **Un día con el médico** El señor y la señora Rodríguez van al médico para saber qué le pasa al señor Rodríguez. Teniendo en cuenta los diferentes usos del subjuntivo que has estudiado en las lecciones 1 a 6, completa la conversación utilizando el presente de indicativo o el presente del subjuntivo, según corresponda. (12 × 0.75 pt. each = 9 pts.)

DOCTOR Buenos días, señores. Me alegro de que los dos (1) _____ (ustedes, estar) aquí. En general, señor Rodríguez, usted tiene buena salud, pero también es verdad que su nivel de colesterol (2) _____ (estar) un poco alto y por eso va a tener que cuidarse más. En primer lugar, es necesario que usted (3) _____ (comenzar) a cuidar su alimentación y que (4) _____ (hacer) más ejercicio. Pero temo que la dieta no sea suficiente, así que le recomiendo que (5) _____ (tomar) estas pastillas para que (6) _____ (nosotros, poder) controlar su nivel de colesterol. Además, también es importante que (7) _____ (perder) un poco de peso, al menos cinco kilos. ¿Conocen a algún especialista en alimentación que (8) _____ (tener) el consultorio cerca de su casa?

PACIENTE Sí, yo conozco uno que (9) _____ (ser) muy bueno. En cuanto (10) _____ (nosotros, llegar) a casa lo llamo por teléfono.

DOCTOR Excelente. Pero recuerde: no va a adelgazar a menos que (11) _____ (combinar) una alimentación sana con ejercicio frecuente. Yo le sugiero que los dos (12) _____ (salir) a caminar todos los días.

Exams

12 ¡A limpiar! Tu hermana y su amigo tienen que limpiar su apartamento y tú te encargas (*are in charge*) de repartir los quehaceres. Usando mandatos, escribe qué tiene que hacer cada uno de ellos. Usa formatos informales para tu hermana y formatos formales para su amigo. (4 × 1.5 pts. each = 6 pts.)

1.  2.  3.  4.

1. _____
2. _____
3. _____
4. _____

13 Cuando sea grande ¿Alguna vez te pusiste a pensar cómo será tu vida cuando tengas treinta años más? Piensa en esta pregunta y escribe una respuesta. Usa el futuro de al menos seis verbos distintos. (6 × 1 pt. each = 6 pts.)

_____
_____
_____
_____
_____
_____
_____
_____
_____
_____
_____
_____
_____
_____
_____
_____
_____
_____
_____
_____
_____
_____

     Lecciones 1-6 Examen

Exams

14 Composición Lee la cita del famoso escritor argentino Ernesto Sábato que habla sobre
el medio ambiente.

"El hombre es el primer animal que ha creado su propio medio (*environment*). Pero
—irónicamente— es el primer animal que de esta manera se está destruyendo a sí mismo."

Ahora, escribe una composición que responda estas preguntas. Tu composición debe incluir dos oraciones
con el tiempo presente, dos oraciones con subjuntivo, dos oraciones con los verbos ser y estar, y dos
oraciones en el pasado. (1 pt. for each of the verbs used + 4 pts. for vocabulary and style = 12 pts.)

- ¿Estás de acuerdo con la opinión de Sábato? ¿Es el hombre la mayor amenaza para el planeta?
  ¿Por qué?
- ¿Existen otras amenazas? ¿Cuáles?
- ¿Cómo piensas que será la situación del medio ambiente en los próximos veinte años?
  Menciona dos ejemplos.
- ¿Es necesario cambiar la situación actual? ¿Qué se puede hacer al respecto? Menciona
  dos ejemplos.

_____
_____
_____
_____
_____
_____
_____
_____
_____
_____
_____
_____
_____
_____
_____
_____
_____
_____
_____
_____
_____
_____

Exams

PRUEBA DE COMPRENSIÓN DE LECTURA

Lección 1

Conocer gente nueva

Muchos se preguntan por qué es tan difícil encontrar novio o novia, o simplemente amistad, en el mundo de hoy. El número de solteros es mucho más alto ahora que hace diez o quince años. Una posible explicación es que la gente está tan ocupada con su trabajo o con sus estudios que no hay muchas oportunidades para salir y socializar. El ritmo de vida es muy rápido. Otros piensan que es más difícil confiar en la gente en estos tiempos y, por eso, ahora hay menos gente que coquetea con personas desconocidas (*strangers*). Conocer a personas en cafeterías y reuniones de amigos es algo del pasado. Cuando vamos en autobús o en metro (*subway*), a nadie le gusta hablar con la persona sentada a su lado. Todos leen o escuchan música y nadie tiene ganas de hablar con extraños. Sin embargo, registrarse en sitios de Internet para conocer gente o encontrar pareja es algo muy común en estos tiempos. Parece (*It seems*) que tenemos miedo de conocer gente nueva cara a cara (*face to face*), pero no nos importa hablar con desconocidos por Internet; ahí nos sentimos más seguros. Después de "conocerse" por Internet, vienen las citas a ciegas. Es evidente que el mundo actual presenta muchas paradojas, ¿verdad?

1 **Comprensión** Indica si estas afirmaciones son **ciertas** o **falsas**, según lo que dice la lectura, y corrige las falsas.

	Cierto	Falso
1. En el mundo de hoy es fácil hacer amigos nuevos, pero es difícil encontrar pareja.	____	____
2. La gente no tiene tiempo para salir y conocer gente nueva.	____	____
3. Es muy común ahora conocer gente nueva en cafeterías y reuniones de amigos.	____	____
4. Mucha gente habla con desconocidos en el autobús o en el metro.	____	____
5. La gente se siente más segura hablando con desconocidos por Internet.	____	____
6. Las parejas se conocen en citas a ciegas y luego comienzan a comunicarse por Internet.	____	____

2 **¿Qué opinas?** Escribe tus opiniones sobre el contenido de la lectura. ¿Crees que son ciertas las afirmaciones de la lectura? ¿Qué piensas de las relaciones por Internet? Escribe por lo menos cuatro oraciones.

_____

_____

_____

_____

_____

Una oportunidad de oro

El señor Alberto, el padre de Javier, es músico y es el propietario de una de las salas de conciertos más importantes de Bogotá. Javier y sus amigos están encantados porque pueden ir a todos los conciertos gratis y no tienen que comprar entradas. A Javier le gusta mucho la guitarra acústica y este año está practicando con dos amigos, Alex y Amaya. Alex toca la batería y Amaya canta. Hace un tiempo que ellos vienen diciendo que quieren ir a estudiar música a los Estados Unidos; es por eso que la oportunidad que tienen es de oro. Este martes pasado llegó a Bogotá el grupo de Matt Gallon, un guitarrista de Nashville muy famoso que estudió con el padre de Javier en la Universidad de Berkeley. Él y su grupo van a dar un concierto el jueves por la noche. Javier y sus amigos quieren tocar para ellos y, por eso, pasaron horas preparando un pequeño concierto.

Todos están en la sala de conciertos porque Matt Gallon está practicando para su concierto del jueves. Javier y sus amigos, aprovechando que Matt Gallon se baja del escenario un momento, comienzan a tocar su música. Matt Gallon y Alberto se quedan sorprendidos al escuchar al grupo de Javier.

Matt Gallon: —Eso está muy bien, chicos. Me parece que tienen futuro.

Javier: —¿Tú crees, papá?

Alberto: —¿Que si lo creo? Estoy muy sorprendido. Suena muy bien.

Alex y Amaya: —¿Creen que podremos ir a tocar a Nashville el próximo verano?

Matt Gallon: —Bueno, no veo por qué no pueden pasar unos meses en mi casa.

1 Comprensión Contesta las preguntas con oraciones completas

    1. ¿Quién es y qué hace Alberto?

    _____

    2. ¿Por qué están encantados Javier y sus amigos?

    _____

    3. ¿Qué le gusta tocar a Javier?

    _____

    4. ¿Quién es Matt Gallon? ¿Cuándo es el concierto con su grupo?

    _____

    5. ¿Qué están haciendo Javier y sus amigos?

    _____

    6. ¿Quién invita a Javier y a sus amigos a Nashville el próximo verano?

    _____

2 ¿Qué sucede después? Escribe un párrafo de por lo menos cuatro oraciones describiendo qué crees que sucede en el verano. ¿Van Javier y sus amigos a Nashville? ¿Qué sucede mientras están allí? Cuenta la historia en presente y utiliza algunos pronombres de complemento directo e indirecto.

_____

_____

_____

_____

Lecturas adicionales

Un chico con suerte

Aquel día era sábado y, aunque a Alberto no le gustaba, tenía que limpiar la casa e ir al supermercado. Después de levantarse, fue a la cocina y encendió la luz. La casa estaba muy sucia, pero él prefirió desayunar tranquilamente. Primero calentó el café y cocinó unos huevos con jamón y queso. Después, bajó a comprar el periódico y se sentó en el sofá a leer. Cuando terminó de leer las noticias, se puso a limpiar la casa.

Pasó la aspiradora y quitó el polvo. Y cuando estaba entrando al baño para ducharse, escuchó el timbre de la puerta. Eran Enrique y Ana que venían a invitarlo a un partido de béisbol.

—Hola Alberto, ¿cómo estás?

—Bien, gracias. Pero pasen, no se queden ahí.

—Mira, es que mi padre está enfermo y teníamos tres entradas para el partido de los Yankees de hoy a mediodía. ¿Te gustaría venir?

—¡Claro! Me encantaría.

—Pues vamos, que no tenemos mucho tiempo.

Alberto no podía creer que no tenía que pagar para ver a los Yankees. Rápidamente, Alberto se fue al baño, se duchó y dejó la limpieza de la casa para otro momento. Entonces, los tres amigos se fueron al partido para gozar de un fantástico día al aire libre. Alberto era un chico con suerte porque estas cosas le pasaban frecuentemente.

1 Comprensión Contesta las preguntas con oraciones completas.

1. ¿Qué tenía que hacer Alberto ese sábado por la mañana?

_____

2. ¿Qué hizo Alberto después de levantarse?

_____

3. ¿Qué hizo después de leer las noticias?

_____

4. ¿Adónde invitaron Enrique y Ana a Alberto?

_____

5. ¿Qué no podía creer Alberto?

_____

6. ¿Por qué era Alberto un chico con suerte?

_____

2 ¿Te sucedió algo parecido alguna vez? En los países latinos es común que tus amigos o familiares aparezcan en tu casa sin avisar. Piensa en un episodio similar al de la lectura anterior y cuenta la historia usando el pretérito y el imperfecto. Escribe por lo menos cinco oraciones.

_____

_____

_____

_____

_____

PRUEBA DE COMPRENSIÓN DE LECTURA   Lección 4

El yoga

La práctica del yoga es una de las formas de ejercicio más completas y beneficiosas que existen. Pero es mucho más que una forma de ejercitar el cuerpo; el yoga es para muchos una filosofía de vida que mantiene en equilibrio el cuerpo, la mente y el espíritu. Los beneficios que ofrece pueden interpretarse desde varias perspectivas, pero hay una cosa con la que todos están de acuerdo: quienes hacen yoga, tengan la edad que tengan, encuentran un mayor bienestar y menos estrés en su vida diaria, desarrollan mayor flexibilidad en su cuerpo y se sienten más despiertos y con más energía.

Los expertos en yoga señalan que uno de los fundamentos de esta práctica es mejorar la respiración a la vez que se realizan las posturas (o "*asanas*"). Para practicar el yoga correctamente, es necesario ser consciente de la respiración en todo momento. De forma similar a estar en un estado meditativo, el yoga nos enseña a sincronizar la respiración con el movimiento del cuerpo, lo cual ayuda a vaciar (*to empty*) la mente de pensamientos. Además, un mayor control de la respiración nos ayuda a mantener la calma en momentos de ansiedad y mejora la calidad del sueño.

El yoga es una excelente forma de mantener los beneficios de la juventud y de combinar con total armonía el cuerpo, la mente y el espíritu.

1 Comprensión Contesta las preguntas con oraciones completas.

1. Según la lectura, ¿qué es el yoga?

   _____

2. ¿Cuáles son algunos de los beneficios del yoga?

   _____

3. ¿Cuál es uno de los fundamentos del yoga?

   _____

4. ¿Qué es necesario para practicar el yoga correctamente?

   _____

5. ¿Por qué se dice que el yoga es similar a la meditación?

   _____

6. ¿Qué otros beneficios aporta un mayor control de la respiración?

   _____

2 Consejos Un amigo tuyo quiere empezar a cuidarse más y te pide consejos. Aconséjale que practique el yoga, mencionando todos los beneficios que conoces. Usa el imperativo cuando sea apropiado. Escribe por lo menos seis oraciones.

_____

_____

_____

_____

_____

_____

_____

_____

PRUEBA DE COMPRENSIÓN DE LECTURA   Lección 5

Un viaje a Barcelona

Eugenio tuvo que hacer un viaje de negocios a Barcelona con su jefe esta semana para reunirse con unos clientes. Ana, su novia, que ya conoce España porque tiene familia allí, decidió acompañarlo para ser su guía. Durante la semana, mientras Eugenio trabajaba en su oficina del centro, Ana estuvo en el pueblo de Rosas, en casa de sus tíos. Tienen una casa en la playa y a Ana le encanta estar allí y, sobre todo, bucear. Ella quiere que Eugenio vaya a encontrarse con ella cuando termine su trabajo en la ciudad.

Ayer, viernes, Eugenio por fin terminó con sus reuniones, pero estaba lloviendo y decidieron que no era buena idea pasar el fin de semana en la playa. Ana regresó a Barcelona para estar con él. Hoy por fin salieron por la ciudad y se divirtieron mucho. Los dos están encantados. Barcelona es la ciudad más interesante y bella que conocen. El sábado por la mañana, desayunaron chocolate con churros. Después pasearon por la Rambla, una larguísima avenida que lleva a la playa y donde puedes encontrar artistas callejeros a todas horas del día y de la noche. Al mediodía comieron en un restaurante típico catalán, porque Ana siempre dice que la cocina de esta región es exquisita. Por la tarde fueron a un concierto al Palau de la Música. Después del concierto, fueron con unos amigos a bailar y se divirtieron mucho. Antes de salir para el aeropuerto escribieron y mandaron unas tarjetas postales a su familia. Regresaron a casa felices porque Barcelona es una ciudad muy interesante.

1 Comprensión Contesta las preguntas con oraciones completas.

1. ¿Por qué tuvo que viajar Eugenio a Barcelona?

   _____

2. ¿Por qué decidió Ana acompañarlo en su viaje?

   _____

3. ¿A quién visitó Ana mientras Eugenio se quedaba en Barcelona?

   _____

4. ¿Cuándo regresó Ana a Barcelona?

   _____

5. ¿Qué hicieron Ana y Eugenio el sábado por la mañana?

   _____

6. ¿Qué hicieron antes de salir para el aeropuerto?

   _____

2 Vacaciones Imagínate que estás planeando unas vacaciones. Piensa en las características que buscas en tu lugar ideal y descríbelo. Escribe por lo menos seis oraciones.

_____

_____

_____

_____

_____

_____

_____

PRUEBA DE COMPRENSIÓN DE LECTURA   Lección 6

Lecturas adicionales

Mejorar el mundo

Son muchos los peligros que amenazan a nuestro planeta. La contaminación del aire y del agua, el calentamiento global, la escasez de recursos naturales, la desaparición de los bosques: todas éstas son amenazas que, si no nos afectan personalmente ahora, nos afectarán a nosotros o a nuestros descendientes en un futuro no muy lejano. ¿Qué podemos hacer en nuestra rutina diaria para mejorar el estado del medio ambiente? ¿Qué podemos hacer para mejorar nuestra calidad de vida? Les hicimos estas preguntas a un grupo de jóvenes estudiantes, que son, sin duda, el futuro de nuestra sociedad.

MARÍA   Para mejorar el medio ambiente, desde mi escuela, yo voy a animar a mis compañeros a reciclar todo el plástico y el papel. Ya hay un programa de reciclaje en el campus, pero no todos los estudiantes reciclan.

JUANCHO   Pues yo propongo hacer unos carteles (*posters*) informativos para insistir en que la gente no malgaste el agua. Todos sabemos que hay escasez de agua por la sequía, pero yo todavía veo a compañeros que dejan correr el agua cuando no la están usando. Lo mismo ocurre con la electricidad. Lo veo en mi propia casa también, no sólo en la escuela.

TERE   Yo creo que una de las razones por las que la gente no está interesada en proteger la naturaleza es el ritmo de vida que llevamos. Me explico: vivimos en una sociedad que no para; no tenemos ni un minuto libre para observar los árboles o los pájaros. A mí me gustaría proponer que cada uno de nosotros tome cinco minutos cada día para observar y apreciar la naturaleza. Creo que si todos la apreciamos un poco más, haremos un esfuerzo (*effort*) más grande para protegerla.

1 Comprensión Contesta las preguntas con oraciones completas.

1. ¿Cuáles son algunos de los problemas que afectan al medio ambiente?

_____

2. ¿Quiénes son, según la lectura, el futuro de la sociedad?

_____

3. ¿Por qué dice María que los estudiantes de su escuela tienen que reciclar más?

_____

4. ¿Cuál es el problema que observa Juancho?

_____

5. Según Tere, ¿por qué no se interesa más gente en proteger la naturaleza?

_____

6. ¿Qué propone Tere para que la gente se interese en proteger la naturaleza?

_____

2 ¿Y tú qué harás? ¿Qué harás tú en tu vida diaria para ayudar a proteger el medio ambiente? Escribe un párrafo de al menos seis oraciones.

_____
_____
_____
_____

Oral Testing Suggestions for Lesson 1

Situación 1 (Vocabulario y gramática)

Has decidido participar en un programa de intercambio en un país donde se habla español. Para encontrar a la familia adecuada para ti, el/la coordinador(a) del programa de intercambio te hace varias preguntas para conocerte mejor. Responde las preguntas sobre tu vida personal y sobre tu relación con tu familia y amigos.

Situación 2 (Fotonovela)

Imagina que hoy es el primer día de un(a) compañero/a de trabajo y tú te ofreces a presentarle a los/las demás empleados/as y a explicarle todas sus funciones. El/La nuevo/a compañero/a te hace preguntas sobre los empleados y sobre el funcionamiento del lugar.

Situación 3 (Literatura)

Tu hermano/a menor necesita información sobre el tema del amor en la literatura para hacer un reporte escolar. Piensa en las obras literarias que tienen como tema principal el amor y elige una que te haya gustado especialmente. Tú hermano/a te hará preguntas para aprender más acerca de esta historia y de sus protagonistas.

Oral Testing Suggestions for Lesson 2

Situación 1 (Vocabulario y gramática)

Una revista hace una encuesta sobre los pasatiempos favoritos de los jóvenes estadounidenses. Describe las actividades que tú y tus amigos disfrutan hacer cuando tienen tiempo libre, y responde las preguntas del/de la periodista acerca del pasatiempo que más te gusta.

Situación 2 (Fotonovela)

Imagina que consigues dos boletos para ver a tu artista favorito/a en concierto. Aunque tu mejor amigo/a no disfruta de su música, tú quieres ir acompañado/a al espectáculo. ¿Qué le dirías a tu amigo/a para convencerlo de que vaya contigo al concierto? Imagina la conversación y represéntala con un(a) compañero/a.

Situación 3 (Literatura)

La madre le pide a Osvaldo que le cuente sobre el programa de televisión que acaba de ver. Representa con un compañero la conversación entre la madre y Osvaldo. La madre hará diferentes preguntas para entender bien de qué se trata el programa que ha visto su hijo.

Oral Testing Suggestions

Oral Testing Suggestions for Lesson 3

Situación 1 (Vocabulario y gramática)

Un(a) estudiante latinoamericano/a de intercambio quiere saber más sobre la vida diaria de una familia "típica" de Estados Unidos. ¿Cómo la describirías?, ¿cuáles son sus costumbres?, ¿cómo es la rutina? Imagina la conversación y represéntala con un(a) compañero/a.

Situación 2 (Fotonovela)

Imagina que tú y tu hermano/a deben encargarse de limpiar la casa y de preparar la comida antes de que tus padres regresen. Representa con un(a) compañero/a una conversación en la que tú y tu hermano/a se dividen las tareas que deben realizar para dejar limpia y organizada la casa, y para preparar la comida.

Situación 3 (Literatura)

Un(a) periodista que trabaja para una revista literaria entrevista a unos estudiantes sobre la poesía. ¿Les gusta la poesía? ¿Cuáles son sus poemas y sus autores favoritos? ¿Qué tipo de poemas disfrutan leer? ¿De qué tratan los poemas? Representen la entrevista con el/la periodista.

Oral Testing Suggestions for Lesson 4

Situación 1 (Vocabulario y gramática)

Has decidido ir a una consulta con el médico porque hace varios días te sientes débil y enfermo/a. El médico te hace varias preguntas sobre tu estado de ánimo, tus síntomas y tu alimentación para averiguar cómo está tu salud. Responde las preguntas del médico de la forma más detallada posible.

Situación 2 (Fotonovela)

Imagina que tu mejor amigo/a se ha sentido muy cansado/a y enfermo/a últimamente y te pide consejo sobre cómo llevar una vida sana. ¿Qué le aconsejarías? Representa la conversación con un(a) compañero/a.

Situación 3 (Literatura)

Tu amigo/a se ha lastimado el tobillo mientras practicaba deporte. Lleva varios días con mucho dolor pero no quiere visitar al médico porque no cree en los métodos de la medicina convencional. Representa una conversación con un(a) compañero/a en la que le explicas la importancia de visitar al doctor. Tu compañero/a expondrá sus argumentos para no ir al médico.

Oral Testing Suggestions for Lesson 5

Situación 1 (Vocabulario y gramática)

Has decidido tomar unas merecidas vacaciones después de terminar todos tus cursos, pero no sabes qué lugar del mundo visitar en esta época del año. Por eso, vas a una agencia de viajes para que te muestren diferentes tipos de planes y excursiones. El/la asesor(a) te hace varias preguntas para conocer cuál es la mejor opción para ti. Imagina la conversación y represéntala con un(a) compañero/a.

Situación 2 (Fotonovela)

Quieres viajar con tus amigos pero no se ponen de acuerdo respecto al lugar que deben visitar. Uno de tus amigos quiere hacer ecoturismo para estar en contacto con la naturaleza, pero tú quieres estar en la playa y relajarte. Tanto tú como tu amigo/a exponen sus argumentos para convencer al otro de que el suyo es el mejor plan. Imagina la conversación y represéntala con un(a) compañero/a.

Situación 3 (Literatura)

Imagina que te reúnes con un amigo/a que conoces hace poco y deciden hablar de sus experiencias de infancia para conocerse mejor. Ambos hablan de los lugares que conocieron cuando eran niños, de su viaje más inolvidable y de los recuerdos que tienen de esos momentos. Representa la conversación con un(a) compañero/a.

Oral Testing Suggestions for Lesson 6

Situación 1 (Vocabulario y gramática)

Eres miembro de una asociación encargada de proteger el medio ambiente. Imagina que tienes una cita con un(a) representante político/a y debes exponerle los problemas ambientales por los que atraviesa tu ciudad y, además, convencerlo/a de que se incrementen las medidas para solucionar estos problemas. Piensa en los problemas ambientales específicos que afectan a tu ciudad y representa una conversación con un(a) compañero/a.

Situación 2 (Fotonovela)

Quieres alejarte de la ciudad e ir a acampar unos días al bosque, pero tu mejor amigo/a no disfruta de ese tipo de aventuras. ¿Qué le dirías a tu amigo/a para convencerlo/a de que te acompañe? Comparte con él/ella las ventajas y los beneficios que puede tener pasar unos días lejos de la ciudad. Imagina la conversación y represéntala con un(a) compañero/a.

Situación 3 (Literatura)

Estás participando en un debate en el que se discuten las ventajas y las desventajas de vivir en un entorno natural. Tú estás a favor y tu compañero/a está en contra de esta opción. Tu compañero/a expone las ventajas de vivir en la ciudad y tú expones las ventajas que tiene vivir rodeado por la naturaleza.

TEST AUDIOSCRIPTS
Lección 1

Prueba A

1) ¡Un divorcio que funciona! Alberto y Elena están divorciados. Escucha su historia e indica si lo que afirman las oraciones es **cierto** o **falso**.

Alberto es un hombre sincero, responsable y moderno. Hace cuatro años que se divorció de su mujer, Elena. Ellos tienen dos hijos: Carlos, de nueve años, y Javier, de cinco. Aunque Alberto y Elena están divorciados, se llevan bien y no les gusta discutir delante de los niños. La verdad es que los niños son muy cariñosos y responsables. Alberto vive en el centro de la ciudad y, los fines de semana que los niños van a su casa, los tres van al cine o al teatro. Alberto y Elena quieren lo mejor para sus hijos y se sienten muy orgullosos de ellos.

Prueba B

1) Una pareja en la universidad Amanda y Raúl son novios, pero estudian en ciudades distintas. Escucha su historia e indica si lo que afirman las oraciones es **cierto** o **falso**.

Amanda es una chica cariñosa, sensible y moderna. Raúl es tranquilo, trabajador y tradicional. Los dos se conocieron en la escuela secundaria y llevan dos años de novios. Se llevan bien y lo pasan muy bien juntos. Ahora viven en ciudades distintas porque están estudiando en la universidad, pero se mantienen en contacto casi todos los días. Después de estar un año separados, Raúl se siente solo y agobiado con sus estudios porque quiere estar con Amanda. Quiere proponerle matrimonio, pero sus padres le dicen que son muy jóvenes y deben esperar. Además, Amanda, que es muy sensata y responsable, cree que sus estudios son más importantes ahora y no quiere estar casada antes de graduarse. Cuando Raúl habla de matrimonio con Amanda, siempre discuten, y ahora Raúl no sabe qué hacer y se siente deprimido.

Lección 1 Audioscript

Test Audioscripts

Prueba C

1) El nuevo profesor César es un joven profesor que acaba de llegar a una universidad en Filadelfia para estudiar y aún no conoce a nadie. Escucha su primera conversación con Ana, una compañera de trabajo, y después responde a las preguntas usando oraciones completas.

ANA ¡Hola! Eres nuevo en esta universidad, ¿verdad? ¿Cómo te llamas?

CÉSAR Soy César. Acabo de llegar de Oaxaca, un pueblo de México, y voy a trabajar y estudiar aquí, pero todavía no conozco a mucha gente.

ANA Tranquilo, pronto te sentirás como en casa. Entre todos los profesores nos llevamos muy bien.

CÉSAR Estoy un poco agobiado con tantas cosas nuevas. Me preocupan mucho los profesores, ¿me puedes hablar de ellos?
ANA Mira, esos dos profesores de ahí son el señor y la señora Jiménez, llevan muchos años de casados, más de veinte, y son unas magníficas personas.

CÉSAR Cuéntame algo más, por favor.

ANA Bueno, el doctor Pacheco es un poco orgulloso, pero bastante permisivo…

CÉSAR ¿Y no hay profesores más jóvenes?

ANA Sí, Roberto Uría, pero es muy antipático y mentiroso. Un día lo invité a salir y me dijo que estaba muy cansado, pero luego lo encontré en un restaurante con otros amigos, ¿puedes creerlo? ¡Lo odio! ¡No lo puedo soportar!

CÉSAR Uy, disculpa, Ana. ¡No quise hacerte enojar!

Prueba D

1) El nuevo estudiante Tito es un estudiante puertorriqueño que acaba de llegar a una universidad en Washington D.C. para estudiar y aún no conoce a nadie. Escucha su primera conversación con Marta, otra estudiante, en el pasillo de su residencia y después responde a las preguntas usando oraciones completas.

MARTA ¡Hola! Veo que eres nuevo en clase. ¿Cómo te llamas?

TITO Soy Tito. Acabo de llegar de Puerto Rico para estudiar aquí y aún no tengo muchos amigos.

MARTA Tranquilo, pronto te sentirás como en casa. La universidad es muy buena y hay muchas cosas para hacer.

TITO Sí, la ciudad y la universidad me fascinan, pero estoy un poco nervioso con tantas cosas nuevas. No conozco a ningún estudiante, ¿me puedes hablar de ellos?

MARTA Mira, esos dos estudiantes de ahí son Luis Menéndez y Marta Riesgo, son muy buenos estudiantes y siempre te ayudan si tienes algún problema.

TITO Cuéntame algo más, por favor.

MARTA Bueno, el chico que ves ahí escuchando música es Miguel. Es muy sociable… tiene muchos amigos divertidos. Pero, ese otro chico de camisa roja que está hablando con las chicas es un mentiroso. Le gusta coquetear con las chicas todo el tiempo. ¡Lo odio!

TITO ¡Uy, disculpa! ¡No quise hacerte enojar! ¡Muchas gracias, Marta! Ahora sí me siento más tranquilo, y listo para empezar a estudiar.

Lección 2

Prueba A

1) Marco y sus actividades Vas a escuchar a Marco hablar sobre sus actividades. Indica si lo que dicen las oraciones es **cierto** o **falso**.

Hola, me llamo Marco y soy un chico muy activo. Me fascinan los deportes; soy miembro de un club de fútbol y voy a muchos partidos, y también me encanta el béisbol. Siempre miro partidos de fútbol o de béisbol en la televisión. Juego al béisbol cuando puedo, pero ya no juego al fútbol. A mí no me gusta aburrirme, y por eso trato de entretenerme lo más posible cuando no tengo que trabajar. Los sábados por la mañana voy a ver un partido de fútbol y por la tarde salgo a divertirme con mis amigos. Casi todos los sábados por la tarde jugamos al boliche, pero otras veces jugamos al billar o vamos al cine. Cuando salimos los sábados por la noche, generalmente volvemos tarde, pero el domingo, si estamos muy cansados, preferimos hacer actividades más tranquilas como jugar a las cartas o con videojuegos. Cuando vuelvo al trabajo el lunes por la mañana, estoy listo para empezar la nueva semana.

Prueba B

1) Roberto y sus actividades as a escuchar a Roberto hablar sobre sus actividades. Indica si lo que dicen las oraciones es **cierto** o **falso**.

Hola, me llamo Roberto y soy un chico muy activo. No me gusta estar tranquilo ni un segundo. Me fascinan los deportes; soy miembro de un club de tenis y voy a muchos partidos, y también me encanta el béisbol. Cuando termino de estudiar, siempre miro partidos de tenis o de béisbol en la televisión. Juego al béisbol cuando puedo, pero ya no juego al tenis. Los sábados por la mañana voy a ver un partido de tenis y por la tarde salgo a divertirme con mis amigos. Casi todos los sábados por la tarde jugamos al boliche, pero otras veces jugamos al billar o vamos al cine. Cuando salimos, volvemos temprano, nunca después de las nueve, y el domingo nos juntamos en la biblioteca para estudiar. Cuando vuelvo a la escuela el lunes por la mañana, estoy listo para empezar la nueva semana.

Prueba C

1) Una chica muy Amanda es una joven muy activa. Escucha lo que dice de sus actividades y después responde a las preguntas con oraciones completas.

Hola, soy Amanda y tengo quince años. Pienso que soy una persona muy dinámica. Me encanta ir al cine y a los conciertos, y no me importa hacer cola en la taquilla para conseguir un boleto para mi grupo favorito. También me fascina bailar y, por supuesto, practico deporte habitualmente. Todos los días me levanto muy temprano —a las seis y media— y me visto con ropa cómoda porque nado por las mañanas en la piscina y luego por las tardes entreno con mi equipo de baloncesto. También me gustan el teatro y los festivales de cine. La verdad es que tengo muchos pasatiempos y apenas me queda tiempo libre. Después de las clases, a veces miro un poco la televisión para relajarme porque por las tardes también estoy ocupada con lecciones de piano y, además, estoy aprendiendo francés porque el verano que viene quiero ir a Francia con un programa de intercambio. Los fines de semana intento descansar y relajarme escuchando música porque mi vida diaria es muy agitada.

Prueba D

1) Sandra siempre está ocupada Sandra es una joven muy dinámica. Escucha lo que cuenta sobre su vida diaria y después responde a las preguntas con oraciones completas.

Hola, soy Sandra y tengo dieciséis años. Soy una persona llena de energía. Me encanta ir al teatro y a los conciertos para aplaudir a mi grupo favorito. También me fascina bailar salsa y, por supuesto, practico deporte habitualmente. Todos los días me levanto muy temprano —a las seis— y me visto con ropa cómoda porque por las mañanas voy a correr y luego por las tardes entreno con mi equipo de vóleibol. Creo que soy una persona atlética. También me gusta mucho visitar museos de arte. La verdad es que tengo muchas aficiones y no me queda tiempo libre. A mediodía, después de las clases, doy un paseo con mi perro para relajarme porque por las tardes también estoy ocupada con clases de violín y, además, estoy aprendiendo alemán porque el verano que viene quiero ir a Alemania con un programa de intercambio. Los fines de semana intento descansar y relajarme cocinando platos exóticos porque mi vida diaria es muy agitada.

Test Audioscripts

Lección 3

Prueba A

1) Un anuncio Alejandra ha escrito un anuncio clasificado para buscar una empleada o un empleado doméstico. Escucha el anuncio y después indica la respuesta correcta para cada pregunta.

Hola, mi esposo y yo tenemos dos niños pequeños y buscamos una persona que nos ayude con las tareas domésticas. Necesitamos a alguien que nos ayude con la limpieza, cocinar, pasar la aspiradora, recoger a los niños en el colegio y darles la merienda. Buscamos una persona responsable y flexible, que se acostumbre al horario de la familia. Es importante que le gusten los niños y que sea cariñosa con ellos. El horario es de ocho horas por día, con los fines de semana libres. Si le interesa el trabajo llámenos o envíe un mensaje por correo electrónico. Gracias.

Prueba B

1) Un anuncio Claudia ha escrito un anuncio clasificado para buscar una niñera. Escucha su anuncio y después indica la respuesta correcta para cada pregunta.

Hola, mi esposo y yo tenemos tres hijas pequeñas y buscamos una mujer joven que nos ayude con su educación. El trabajo consiste en ayudarles a hacer la tarea, enseñarles francés e inglés y, a veces, recogerlas en el colegio y darles la comida. Queremos que la persona sea responsable y seria, y que se acostumbre al horario de la familia. Es importante que le gusten las niñas y sea cariñosa. El horario es de seis horas al día, con fines de semana libres. Si le interesa el trabajo llámenos o envíenos un mensaje por correo electrónico. Gracias.

Lección 3 Audioscript

Test Audioscripts

Prueba C

1) El apartamento nuevo Ana María le cuenta a su amiga sobre su apartamento nuevo. Escucha la historia y después responde a las preguntas usando oraciones completas.

Ana María acaba de mudarse a un apartamento nuevo y le escribe un mensaje de correo electrónico a su amiga Violeta. En el mensaje, escribe lo siguiente.

¡Hola, Violeta!

¿Cómo te va? Yo estoy muy contenta porque por fin encontré un apartamento. Fue muy difícil encontrar uno cerca de mi lugar de trabajo, pero tuve mucha suerte porque un amigo mío me ayudó a encontrar este apartamento. El único problema es que estaba tan sucio, que me pasé todo el primer día limpiando.

Primero, tuve que tirar toda la basura. Después, limpié los cuartos, pero como todavía no tengo aspiradora, tuve que barrer. ¡Cuánto trabajo! También quité el polvo de los muebles. Mientras lo hacía, alguien tocó el timbre. Era el hombre que vivía antes en el apartamento. ¡Venía a limpiar! Parece que hubo una confusión y él no sabía que yo iba a estar allí. Fue muy amable y me ayudó con el resto de los quehaceres.

Y tú, ¿cuándo vienes a visitarme? Hasta muy pronto.

Prueba D

1) Una vida nueva Mabel le cuenta a su amiga sobre su experiencia en un país extranjero. Escucha la historia y después contesta las preguntas usando oraciones completas.

Mabel acaba de mudarse a otro país y le escribe un mensaje de correo electrónico a su amiga Victoria. Escucha lo que Mabel escribe en su mensaje.

¡Hola, Victoria!

¿Cómo te va? Yo estoy bien, aunque un poco agobiada por el cambio. De repente, todo es nuevo en mi vida: el trabajo, la casa, la ciudad... Tengo que acostumbrarme a todas las cosas que son distintas aquí. Por ejemplo, el otro día cuando estaba comprando comida, vi algo sorprendente: había una señora regateando el precio de los productos. ¡Qué extraño! Yo no estoy acostumbrada a regatear. También los horarios de las comidas son diferentes aquí y no comen hasta las 3 de la tarde. Ayer, por fin, fui al centro comercial para comprar ropa para la oficina y encontré cosas bastante baratas. ¡Pero tuve problemas para pagar con la tarjeta de crédito! No la pude usar, así que tuve que usar todo mi efectivo.

Y a ti, ¿cómo te va todo? ¿Cuándo vienes a visitarme?

Un abrazo.

Lección 3 Audioscript

Lección 4

Prueba A

1) Alberto no está bien

Parte A Alberto está en cama en su casa y recibe un mensaje de correo electrónico de su amiga Lucía. Escucha lo que dice el mensaje y después indica si lo que dicen las oraciones es **cierto** o **falso**.

Querido Alberto:

Tu madre me dijo que estás muy enfermo. Lo siento muchísimo. Es importante que bebas mucho líquido y que tomes muchas vitaminas. Para la tos, te aconsejo que compres un jarabe. Sigue mis consejos y cuéntame cómo estás. Espero que te recuperes pronto. Entonces, ¿me puedes visitar aquí en California? Mi nueva compañera de cuarto es súper simpática y las dos prometemos llevarte a conocer los lugares más lindos de este estado.

Un abrazo.

Parte B Días más tarde, Alberto le escribe a Lucía. Escucha lo que responde Alberto y después indica si lo que dicen las oraciones es **cierto** o **falso**.

Querida Lucía:

¿Cómo estás? Ya estoy totalmente recuperado. Gracias por los consejos; el jarabe me ayudó mucho. En la universidad me va muy bien, tengo muchos amigos y profesores muy buenos. El mes que viene prometo ir a visitarte a California. ¿Podría llevar a un amigo? Se llama Miguel y es un amigo de la universidad. Bueno, Lucía, espero que estés bien.

Prueba B

1) Amalia no está bien

Parte A Amalia está enferma en casa. Hoy se siente mejor y le escribe un mensaje de correo electrónico a su amiga Elena. Escucha lo que dice el mensaje y después indica si lo que dicen las oraciones es **cierto** o **falso**.

Hola, Elena, ¿qué tal?

Hoy ya me siento mejor, pero todavía estoy en casa recuperándome. El otro día cuando me desperté me sentía muy cansada y, cuando me levanté de la cama, me desmayé. El médico me dijo que tenía la tensión muy baja y que tenía que comer mejor. Tú ya sabes que últimamente tengo mucho trabajo y por eso no me estoy cuidando bien. Apenas tengo tiempo para comer, así que casi todos los días como comida rápida. Creo que todo esto es lo que me enfermó.

Y tú, ¿cómo estás? Tú nunca te enfermas. ¿Cuál es tu secreto? Hasta muy pronto.

Parte B Días más tarde, Elena le escribe a Amalia. Escucha su respuesta y después indica si lo que dicen las oraciones es **cierto** o **falso**.

Hola, Amalia:

Me pone muy contenta que ya te sientas mejor. Yo creo que para estar sano es muy importante comer alimentos saludables, hacer ejercicio y descansar lo suficiente. ¡No es ningún secreto! Quiero que empieces a comer mejor y que hagas más ejercicio. Y muy pronto vas a estar totalmente recuperada. Oye, vas a ir a la fiesta de Pedro, ¿no? ¡Yo me compré un vestido rojo fabuloso! ¡No veo las horas de que llegué el fin de semana!

| 194 |

Prueba C

1) Estar como un roble Telmo es instructor de yoga. Escucha lo que dice y responde las preguntas con oraciones completas.

Hola, soy Telmo, tengo veintitrés años y soy instructor de yoga desde hace cinco años. Por mi trabajo, lógicamente, tengo que estar sano y por eso cuido mucho mi alimentación. Trato de seguir una dieta que se llama mediterránea: como muchas frutas, verduras, pescado y aceite de oliva. También bebo mucha agua y no consumo mucha sal porque sube la tensión. Cuando estoy resfriado no tomo medicamentos, sólo muchos jugos de frutas e infusiones y descanso mucho. Creo que es muy importante que las personas prevengan las enfermedades con una alimentación sana y una vida relajada. Yo, por ejemplo, para tener una vida relajada, decidí hace poco tiempo irme a vivir a una ciudad pequeña, donde la vida no es tan agitada como en las grandes ciudades. Yo pienso que estar sano es una cuestión de bienestar físico y mental y, precisamente, el yoga busca ese equilibrio del cuerpo y la mente.

Prueba D

1) Estar como un roble Ivonne es instructora de taichi. Escucha lo que dice y responde las preguntas con oraciones completas.

Hola, me llamo Ivonne, tengo veintidós años y soy instructora de taichi. Por mi trabajo, lógicamente, tengo que estar sana y por eso cuido mucho mi dieta. Trato de seguir una alimentación equilibrada: como muchas verduras, pescado o pollo, pero no como dulces porque engordan. También bebo muchos jugos de fruta. Cuando estoy enferma no me gusta tomar muchos medicamentos; trato de descansar y comer bien. En general, no suelo trasnochar porque luego me siento agotada y, por supuesto, no fumo. Creo que es muy importante que las personas prevengan las enfermedades con una alimentación equilibrada y buen descanso. Pienso que estar sano es, muchas veces, una cuestión de estado de ánimo y, por eso, las personas felices están más sanas. Precisamente el taichi busca el equilibrio del cuerpo y la mente.

Lección 4 Audioscript

Test Audioscripts

Lección 5

Prueba A

1) Preparativos Escucha la conversación entre Éric y Fabiola sobre los preparativos de su viaje. Escribe **Sí** al lado de los preparativos que ya están listos. Escribe **No** al lado de los que todavía no están listos e indica quién los va a hacer.

FABIOLA Éric, salimos pasado mañana y todavía no estamos listos. ¿Qué nos falta hacer?

ÉRIC Vamos a ver... Tenemos los pasajes de avión que nos compró Aguayo y el itinerario. Tengo el horario del tren que va a la ciudad donde nos alojamos, pero todavía no compré los pasajes del aeropuerto al hotel. ¿Puedes comprarlos tú?

FABIOLA Sí, por supuesto.

ÉRIC Y aquí tengo la reservación del hotel: dos habitaciones individuales en el hotel París. ¿Tienes tu pasaporte?

FABIOLA Espera un momento, Éric. ¿Dijiste que tú hiciste una reservación en el hotel París? Yo también hice reservaciones, ¡pero en el hotel Bellavista!

ÉRIC Bueno, está bien. Yo me encargo de llamar al hotel París y cancelar la reserva. Me parece que el hotel Bellavista es de mejor categoría, ¿verdad?

FABIOLA Sí, creo que sí. ¿Y ya compraste la guía turística que nos recomendó Diana?

ÉRIC ¡Ay, no! Todavía no. No te preocupes, esta tarde salgo a comprarla.

FABIOLA Gracias, Éric. Yo tengo mi pasaporte listo y ya hice las maletas. Ah, pero no tengo los mapas. Los compro esta tarde.

ÉRIC Yo también tengo el pasaporte listo, pero no las maletas. Ah, y tengo que comprar una maleta nueva.

Prueba B

1) Preparativos Escucha la conversación entre Diana y Johnny sobre los preparativos de su viaje. Escribe **Sí** al lado de los preparativos que ya están listos. Escribe **No** al lado de los que todavía no están listos e indica quién los va a hacer.

DIANA Johnny, salimos mañana por la tarde y todavía no estamos listos. ¿Qué nos falta hacer?

JOHNNY Vamos a ver. Tenemos los pasajes de avión que nos compró la revista. Pero Aguayo no me dio el itinerario completo.

DIANA Yo voy a ver a Aguayo esta tarde; se lo puedo pedir yo.

JOHNNY ¡Estupendo! Y aquí tengo la reservación del hotel: dos habitaciones individuales en el hotel Roma.

DIANA ¿Y cómo llegamos del aeropuerto hasta el hotel?

JOHNNY Me dijeron que no hay taxis, así que voy a llamar enseguida para informarme del horario de los autobuses y reservar los pasajes.

DIANA ¿No hay trenes? Ya sabes que yo prefiero viajar en tren.

JOHNNY No sé si hay trenes, pero voy a averiguarlo. Si hay, también voy a comprar los pasajes.

DIANA Gracias, Johnny. Yo todavía no hice las maletas. Las voy a hacer esta tarde. ¿Y tú? Recuerda que para el último viaje que hicimos llevaste demasiadas cosas. Si quieres te hago la maleta yo; tengo mucha experiencia.

JOHNNY Sí, es verdad, la última vez llevé demasiado, pero para este viaje sólo llevo una maleta pequeña, y ya está lista. Además, ¡tengo mi pasaporte desde la semana pasada! Y tú, ¿tienes tu pasaporte listo?

DIANA No, estaba vencido y tuve que renovarlo. Me lo dan mañana. Pero ya compré la guía turística con toda la información sobre los lugares que tenemos que visitar.

 Lección 5 Audioscript

Test Audioscripts

Prueba C

1) Unas vacaciones inolvidables El año pasado la familia de Adriana no se ponía de acuerdo en sus planes de vacaciones. Escucha lo que pasó y contesta las preguntas.

El año pasado mi familia no se ponía de acuerdo sobre las vacaciones y la verdad es que nada salió bien. Mi madre quería hacer un crucero por el Mediterráneo y mi padre quería visitar la selva de Guatemala. Yo, en cambio, quería ir a un sitio con playa para poder nadar y bucear. Al final, fuimos a donde quiso mi madre porque mi padre tuvo un accidente y no pudo viajar. Así que papá se quedó en casa descansando y mamá y yo nos fuimos una semana de crucero. La verdad es que no lo pasamos muy bien porque echábamos de menos a mi padre. Mi padre, en cambio, se divirtió mucho en casa leyendo y viendo películas. Las vacaciones terminaron muy mal porque el último día mamá y yo fuimos de excursión a una isla fuera del crucero y nos perdimos. ¡Qué desastre! No volvimos a tiempo para subir a bordo del barco, ¡y nos quedamos varadas en la isla! Tuvimos que tomar un avión de vuelta a casa. Menos mal que papá nos había hecho una deliciosa cena de bienvenida.

Prueba D

1) Unas vacaciones inolvidables Julio y su familia tenían ideas muy diferentes para las vacaciones de verano. Escucha lo que pasó y contesta las preguntas.

El verano pasado mi familia y yo teníamos ideas muy diferentes para las vacaciones y todo salió muy mal. Mi madre quería hacer una ruta monumental por España y mi padre quería hacer una ruta del café en Nicaragua. A mí, en cambio, me gustan los sitios turísticos para ir a la discoteca y salir por las noches. Al final, ganó mi padre porque resultó que mi madre tuvo que trabajar durante el verano. Así que mamá se quedó en casa y papá y yo nos fuimos a Nicaragua para hacer La ruta del café, pero la verdad es que no lo pasamos muy bien porque extrañábamos mucho a mi madre. Ella, en cambio, se divirtió mucho en casa. Las vacaciones terminaron muy mal porque a la vuelta perdimos el avión por llegar una hora tarde al aeropuerto. ¡Qué desastre! Tuvimos que comprar otro billete de avión para volver a casa. Menos mal que mamá nos había hecho una deliciosa cena de bienvenida.

Lección 5 Audioscript

Test Audioscripts

Lección 6

Prueba A

1) Imágenes de la naturaleza Escucha la descripción que hace Laura de cinco fotografías que seleccionó para un proyecto escolar. Ordena las imágenes de acuerdo con la descripción.

Éstas son las fotos que voy a incluir en mi informe sobre el medio ambiente para la clase de biología. La imagen número uno muestra unas vacas en un paisaje de llanura y campos verdes, también se ve un poco el cielo y hay algunas nubes. La imagen número dos muestra una ciudad contaminada con mucho humo y muchos coches en la carretera. La imagen número tres muestra un bosque tropical con muchos árboles y un poco de luz. La imagen número cuatro muestra mi animal favorito: una tortuga marina nadando por el mar en libertad. Por último, la imagen número cinco muestra un llano al pie de una montaña nevada. Dos amigos míos escalaron esa montaña el año pasado.

Prueba B

1) Imágenes de la naturaleza Escucha la descripción que hace Laura de cinco fotografías que seleccionó para un proyecto escolar. Ordena las imágenes de acuerdo con la descripción.

Éstas son las fotos que voy a incluir en mi informe sobre el medio ambiente para la clase de biología. La imagen número uno muestra una bandada de gaviotas. Estas aves están esperando la llegada de los pescadores para tratar de robarles pescado. La imagen número dos muestra un pez tropical azul. La imagen número tres muestra a unos pescadores con su barca roja y verde en la playa, justo a la orilla del mar. La imagen número cuatro muestra un tucán. Este bello pájaro de plumaje negro y amarillo está en extinción. Por último, la imagen número cinco muestra un monito. La destrucción de los bosques está dañando el hábitat de estos hermosos animalitos.

Prueba C

1) Entrevista con la doctora Carvajal Una especialista en el medio ambiente va a hablar en la radio. Escucha lo que dice y contesta las preguntas con oraciones completas.

LOCUTORA Buenos días, doctora Carvajal. Bienvenida a nuestro programa.

DRA. CARVAJAL Muchas gracias.

LOCUTORA Doctora, usted está hablando mucho en la televisión y en la radio para promocionar su último libro.

DRA. CARVAJAL Efectivamente. Acabo de terminar de escribir un manual de conservación para enseñar a los más jóvenes a proteger la naturaleza.

LOCUTORA Háblenos un poco sobre este proyecto.

DRA. CARVAJAL Sí, cómo no. Este manual lo escribí pensando en los niños y los jóvenes y en su futuro en este planeta. Aunque no quiero ser pesimista, el futuro del planeta es algo muy serio. El formato que elegí es una lista de predicciones sobre las consecuencias de continuar destruyendo la naturaleza. Además, el manual está realizado en su totalidad con papel reciclado.

LOCUTORA ¿Puede leernos una selección de esas predicciones?

DRA. CARVAJAL Por supuesto. Por ejemplo, una predicción dice que "el uso excesivo de productos desechables aumentará las cantidades de basura tóxica que están contaminando las aguas. El agua no podrá utilizarse y los peces no podrán vivir sin agua limpia. Los árboles a orilla de estas aguas también desaparecerán". La lección que quiero que aprendan mis lectores es que "tenemos que usar menos productos desechables y reciclar más".

LOCUTORA Muchas gracias, doctora. La felicito por esta idea tan ingeniosa y le deseo mucho éxito.

Prueba D

1) Entrevista con la doctora Carvajal Una especialista en el medio ambiente va a hablar en la radio. Escucha lo que dice y contesta las preguntas con oraciones completas.

LOCUTORA Buenos días, doctora Carvajal. Bienvenida a nuestro programa.

DRA. CARVAJAL Muchas gracias.

LOCUTORA Doctora, usted está hablando mucho en la televisión y en la radio para promocionar su último libro.

DRA. CARVAJAL Efectivamente. Acabo de terminar de escribir un libro de cuentos para niños sobre la conservación de la naturaleza.

LOCUTORA Háblenos un poco sobre este libro.

DRA. CARVAJAL Sí, cómo no. Este libro lo escribí pensando en los niños y en su futuro en este planeta. Aunque no quiero ser pesimista, creo que el futuro del mundo animal está en peligro y es algo muy serio. La historia empieza cuando el león llama al resto de los animales de la selva para contarles cuentos sobre el futuro.

LOCUTORA ¿Puede leernos uno de los cuentos del león?

DRA. CARVAJAL Por supuesto. Por ejemplo, el cuento número tres dice que "los incendios van a destruir todos los bosques; los pájaros van a tener que irse a vivir a otros lugares, no van a poder adaptarse a un paisaje y a un clima diferentes y se van a extinguir". La lección que quiero que aprendan los niños es que debemos prevenir los incendios.

LOCUTORA Muchas gracias, doctora. La felicito por esta idea tan ingeniosa y le deseo mucho éxito.

 Lección 6 Audioscript

Test Audioscripts

EXAM AUDIOSCRIPTS

Lecciones 1-3
EXAMEN

1) Pareja con problemas Vas a oír un segmento de un programa de radio. Escucha con atención y después indica si cada una de las afirmaciones es **cierta** o **falsa**.

Y ahora vamos a leer una carta para la doctora Paz de una señora de nuestra audiencia.

Querida doctora: Le escribo porque estoy en una situación un poco desesperada. Mi marido y yo llevamos cinco años de casados y por razones de trabajo vivimos separados desde hace tres meses. Yo soy reportera y el periódico para el que trabajo me envió al campo para investigar y no sé exactamente cuándo voy a poder regresar a la ciudad. El problema es que a mí me hace mucha falta mi esposo, pero él no quiere venir a visitarme. Por mi trabajo, no puedo regresar a la ciudad hasta el final de mi investigación y sólo puedo ver a mi esposo si él decide hacerme una visita. La última vez que le pregunté por qué no venía a pasar el fin de semana, me contestó que no tenía tiempo porque estaba muy ocupado, pero yo pienso que es una excusa. Estoy muy disgustada porque creo que la respuesta de mi esposo es una mentira y tengo celos. Pero, además, también me siento deprimida porque a mí me encanta la vida en la ciudad y encuentro que la vida en el campo es muy aburrida. Tengo miedo de que nuestro matrimonio no pueda soportar esta crisis. ¿Qué debo hacer? — Aburrida y Deprimida en el Campo

Lecciones 4-6
EXAMEN

1) Paco se va a Puerto Rico Escucha la historia con atención y después indica si las oraciones son **ciertas** o **falsas**.

El próximo fin de semana es un fin de semana largo y Paco quiere irse de viaje con su novia a Puerto Rico. Paco conoce bastante bien la isla porque trabajó allí unos años, pero es la primera visita para su novia. Ellos viajarán en avión a San Juan. Llegarán el viernes a las once y media de la mañana y se alojarán en un hotel de tres estrellas cerca de la playa. Pero creo que van a tener mala suerte con el tiempo. En la televisión, el pronóstico del tiempo dice que habrá tormentas y lloverá todo el fin de semana. El sábado probablemente no podrán ir a la playa ni navegar, pero irán a cenar a un restaurante muy lujoso e irán a un concierto del cantante Enrique Iglesias en una discoteca. El domingo por la mañana se levantarán tarde y desayunarán en su habitación. Después, cuando el tiempo mejore, pasearán por la playa. Después volverán al hotel, harán sus maletas y saldrán para el aeropuerto.

Lecciones 1-6

EXAMEN

1) Planeando Escucha atentamente la conversación entre dos hermanos, Paloma y Tony, y después contesta las preguntas.

TONY ¡Paloma! ¡Paloma! ¿Ya les dijiste a papá y a mamá adónde quieres ir estas vacaciones de verano?

PALOMA Todavía no, pero tengo un plan. ¿Quieres escucharlo?

TONY Pues, ¡claro!

PALOMA Mi idea es ir a acampar a las montañas. Aquí en la ciudad nunca vemos árboles. En las montañas podemos dar paseos por el bosque y explorar. Ah, y también podemos pescar. Sólo necesitamos las mochilas y una brújula. Serán unas vacaciones tranquilísimas. No necesitamos ni pasajes de avión ni reservaciones de hotel. Tú siempre dices que últimamente te sientes ansioso y preocupado por los estudios, y papá y mamá también se quejan de que les hace falta más naturaleza. ¡El aire puro de las montañas nos va a relajar a todos muchísimo! ¿Qué te parece, eh?

TONY Bueno…yo tenía otras ideas. Para estas vacaciones quería algo más divertido y a la vez responsable.

PALOMA ¿Responsable? No entiendo.

TONY Te explico: estoy pensando en unas vacaciones ecológicas en la reserva natural de Playa Halcón. Allí, mientras hacemos buceo, podemos aprender más sobre los animales marinos en peligro de extinción. Además, tienen un albergue donde te enseñan a reciclar. Tú sabes que papá y mamá no reciclan tanto como deben. Creo que el turismo ecológico es una gran idea que debemos apoyar.

PALOMA Me parece una idea muy sensata. Y además podemos ir en tren a la reserva. Odio los aviones. ¡Vamos a decírselo ya! Tenemos que comprar los billetes pronto.

ANSWERS TO QUIZZES
Lección 1

Contextos

Quiz A

1   1. h 2. f 3. g 4. d 5. a 6. c 7. b 8. e

2   1. a 2. b 3. b 4. c 5. a

3   1. I 2. L 3. L 4. I

4   1. sensible 2. el divorcio 3. vergüenza
    4. soporta 5. hizo caso

Quiz B

1   **El matrimonio feliz:** apreciar, compromiso;
    La cita: coquetear, impresionar; **El divorcio:**
    discutir, llevarse fatal

2   Some answers may vary. Suggested answers:
    1. pasarlo fatal 2. pareja 3. romper con
    4. mentiroso 5. tranquilo 6. odiar 7. tacaño
    8. soportar a

3   Answers will vary.

Estructura

1.1 The present tense

Quiz A

1   1. elijo 2. eliges 3. parezco 4. parecemos
    5. educas 6. educan 7. oigo 8. oyes
    9. cerramos 10. cierran

2   1. puede 2. jugamos 3. construyen 4. distingo
    5. asistes 6. vienen

3   1. somos; siguen 2. se mantiene
    3. conduce; sueña

4   1. Tú das una fiesta e invitas a todos tus amigos.
    2. ¿Caben todos tus libros en esa mochila?
    3. Yo sé que Fernando y Alejandra dicen
    mentiras. 4. Si usted no obedece la ley, mis
    padres y yo vamos a la policía.

Quiz B

1   1. asistes 2. distingo 3. vienen 4. jugamos
    5. puede 6. construyen

2   Answers will vary.

3   Answers will vary.

1.2 Ser and estar

Quiz A

1   1. b 2. a 3. c 4. e 5. f 6. d

2   1. b 2. a 3. b 4. a 5. a

3   1. estamos 2. están 3. estamos/estoy 4. es
    5. está 6. está 7. es 8. está 9. son 10. es
    11. soy 12. estoy

Quiz B

1   1. es 2. son 3. es 4. es 5. están 6. está

2   Answers will vary.

3   Answers will vary.

1.3 Progressive forms

Quiz A

1   1. coqueteando 2. rompiendo 3. pudiendo
    4. mintiendo 5. haciendo

2   1. estamos disfrutando 2. voy conociendo
    3. vienen insistiendo 4. anda diciendo
    5. sigues construyendo 6. están pensando

3   1. Tú y yo venimos discutiendo desde el año
    pasado. 2. Mis padres siguen soñando con tener
    una casa cerca de la playa. 3. La niña anda
    cayéndose porque está aprendiendo a
    caminar./La niña se anda cayendo porque está
    aprendiendo a caminar. 4. Yo llevo soportando
    a mi jefe muchos años.

4   1. está proponiendo 2. Estamos pidiendo
    3. están durmiendo 4. te estás riendo/estás
    riéndote; estoy escuchando

Quiz B

1   1. estamos disfrutando 2. voy conociendo
    3. vienen insistiendo 4. anda diciendo
    5. sigues construyendo 6. están pensando

2   Answers will vary.

3   Answers will vary.

 Lección 1 Answer Key

Lección 2

Contextos

Quiz A

1 **La música y el teatro:** función, taquilla; **Las diversiones:** dardos, reunirse; **Los deportes:** empate, vencer

2 1. c 2. a 3. d 4. d 5. b

3 1. F 2. C 3. F 4. F 5. C

4 1. festejar 2. los naipes 3. las entradas 4. el tiempo libre 5. el conjunto (musical) 6. entretenido 7. anotar

Quiz B

1 1. ajedrez 2. estreno 3. árbitro 4. circo 5. torneo/campeonato

2 Answers will vary.

3 Answers will vary.

4 Answers will vary.

Estructura

2.1 Object pronouns

Quiz A

1 1. b 2. c 3. c 4. d 5. a 6. b

2 1. Me lo van a traer./Van a traérmelo. 2. Se las estoy mostrando./Estoy mostrándoselas. 3. Se lo dimos. 4. Nos la va a servir./Va a servírnosla. 5. ¿Te las vendieron?

3 1. Sí, (ellos) nos la pueden recomendar./Sí, (ellos) pueden recomendárnosla. 2. Sí, (a nosotros) nos los exigen. 3. Sí, me la tienen que traer./Sí, tienen que traérmela. 4. Sí, te lo estoy prohibiendo./Sí, estoy prohibiéndotelo. 5. Sí, se los hago (a ellos).

4 1. se lo 2. usted 3. tú 4. poniéndome

Quiz B

1 1. comprarlos 2. con ustedes 3. tú; yo; nosotras 4. sí misma 5. Se 6. les

2 Answers will vary.

3 Answers will vary.

2.2 Gustar and similar verbs

Quiz A

1 1. c 2. a 3. c 4. b 5. b

2 1. nos aburren 2. les gusta 3. les hace falta 4. le sorprenden 5. me encanta

3 1. A ustedes les duelen las manos. 2. A ti te preocupa la educación de tus hijas, ¿no? 3. A mi hermano y a mí no nos gusta el pescado con limón. 4. A Óscar le quedan dos boletos para el circo. 5. ¿Por qué a Verónica y a su familia les aburre la feria?

4 1. nos fascina/nos interesa 2. me quedan 3. me duelen 4. le molesta 5. me interesa/me fascina

Quiz B

1 1. Me importa ayudar a la gente. 2. A Rubén y a mí nos preocupa el medioambiente. 3. Te quedan dos años para graduarte. 4. A las chicas no les cae bien su primo.

2 Answers will vary.

3 Answers will vary.

4 Answers will vary.

2.3 Reflexive verbs

Quiz A

1 1. b 2. b 3. a 4. a 5. a

2 1. te quejas 2. me arrepiento 3. vestirse 4. nos secamos 5. se sorprende

3 1. Usted se acerca a la ventana. 2. Mis padres se acuestan a las diez y media. 3. Tú te cepillas los dientes dos veces al día. 4. Mi hermano y yo nunca nos olvidamos de cerrar la puerta.

4 1. nos preocupamos 2. se vuelve 3. se quitan 4. me atrevo 5. se da cuenta 6. te fijas

Quiz B

1 1. nos preocupamos 2. se vuelve 3. se quitan 4. me atrevo 5. se da cuenta 6. te fijas

2 Answers will vary.

3 Answers will vary.

Lección 2 Answer Key

Lección 3

Contextos

Quiz A

1 1. a 2. d 3. d 4. a 5. c 6. d

2 1. L 2. L 3. L 4. I 5. I

3 1. cara 2. se acostumbró 3. por casualidad
4. hacer mandados 5. barre

4 1. encender 2. cotidiano 3. probador
4. atrasado 5. freír 6. enseguida 7. devolver

Quiz B

1 1. barre 2. cara 3. por casualidad 4. horario
5. hacer mandados 6. se acostumbró

2 Answers will vary.

3 Answers will vary.

Estructura

3.1 The preterite

Quiz A

1 1. dormimos 2. durmieron 3. me acostumbré
4. conduje 5. condujeron 6. leyó 7. leyeron
8. encendió

2 1. explicaron 2. Comiste 3. fueron 4. comencé
5. oímos 6. anduvo

3 1. Nosotras devolvimos las maletas el mes
pasado. 2. Antes de salir, yo apagué las luces.
3. Esta mañana Ignacio y Sandra quitaron el
polvo. 4. ¿Usted hirvió el té?

4 1. barrimos 2. Calenté 3. probaron 4. hiciste
5. pedí 6. Fue 7. tuve 8. dijeron

Quiz B

1 1. barrimos 2. Calenté 3. probaron 4. hiciste
5. pedí 6. Fue 7. tuve 8. dijeron

2 Answers will vary.

3 Answers will vary.

3.2 The imperfect

Quiz A

1 1. d 2. a 3. b 4. e 5. c
2 1. daban 2. te dormías 3. solía 4. nos
despertábamos 5. dibujaban

3 1. De niño, Héctor jugaba al béisbol con su
padre. 2. Tú y yo íbamos de compras en el
centro comercial. 3. Tú no comías las sopas
que preparaba nuestra abuela. 4. Mis hermanas
se arreglaban mientras yo calentaba el carro.
5. Usted veía ese programa todas las noches.

4 1. encantaba 2. llevaba 3. había 4. hablaba
5. me sentaba

Quiz B

1 1. me gustaba/me encantaba/me fascinaba
2. llevaba 3. había 4. hablaba/conversaba
5. me sentaba 6. leía

2 Answers will vary.

3 Answers will vary.

3.3 The preterite vs. the imperfect

Quiz A

1 1. a 2. a 3. b 4. b

2 1. b 2. a 3. b 4. b 5. a

3 1. llevaba; se cayó; se lastimó 2. prefería;
paseaba; chocó; decidieron 3. tocaron;
nadábamos; abrí

4 1. Usted iba a Mar del Plata y descansaba todos
los veranos. 2. Los viajeros anduvieron por
cinco días en el desierto pero nunca
encontraron agua. 3. Cuando tú tenías un año,
empezaste a caminar. 4. Después de varios
intentos, Ángela y yo pudimos construir una
casa de naipes.

Quiz B

1 1. tocaron; nadábamos abrí 2. llevaba; se
cayó; se lastimó 3. prefería; paseaba;
chocó; decidieron

2 Answers will vary.

3 Answers will vary.

   Lección 3 Answer Key

Lección 4

Contextos

Quiz A

1   1. a   2. e   3. d   4. c

2   1. b   2. d   3. a   4. c   5. c

3   1. C   2. F   3. C   4. C   5. F

4   1. calmante   2. autoestima   3. fiebre
4. permanecer

Quiz B

1   1. el consultorio   2. el yeso   3. trasnochar
4. mareada   5. la vacuna   6. el cirujano/
la cirujana

2   Answers will vary.

3   Answers will vary.

Estructura

4.1 The subjunctive in noun clauses

Quiz A

1   1. sufras   2. sufran   3. me acueste   4. nos
acostemos   5. se acuesten   6. sepa   7. sepas
8. sepamos

2   1. c   2. b   3. a   4. b

3   1. busques   2. pagar   3. estemos   4. digo   5. Haya
6. permanezcan

4   1. puedas   2. seguir   3. hagas   4. vemos
5. tengan   6. te muevas   7. llamar

Quiz B

1   1. asistamos   2. pagar   3. permanezcan
4. trabajar   5. sea   6. conoces   7. demos   8. digo

2   Answers will vary.

3   Answers will vary.

4   Answers will vary.

4.2 Commands

Quiz A

1   1. d   2. b   3. e   4. a   5. c

2   1. Recupérense.   2. No trasnoche.   3. Ponte el
protector solar.   4. Decida ahora.   5. No seamos
tan irresponsables.   6. Que no lo hagan.

3   1. pide   2. échale   3. caliéntalo   4. abras   5. digas

4   1. M; Respire hondo, por favor.
2. M; Descríbamelos.   3. P; No me la ponga.
4. M; Déselo (a la recepcionista).

Quiz B

1   1. E; Explíquelo más despacio, por favor.   2. M;
Vayan a la siguiente página.   3. M; No hablen
durante el examen.   4. M; Repítanlos.   5. E; No
nos la dé hoy.   6. M; Manténganlos limpios.

2   Answers will vary.

3   Answers will vary.

4.3 Por and para

Quiz A

1   1. b   2. a   3. b   4. b

2   1. d   2. a   3. e   4. b   5. c

3   1. para; por   2. por; por/para   3. para   4. Para

4   1. Mañana nosotros salimos para Cancún.
2. Por ahora Raquel no piensa mudarse de
ciudad.   3. Ese poema fue escrito por Pablo
Neruda.   4. Yo voy a amarte para siempre.

Quiz B

1   1. por otro lado   2. por lo visto   3. Por ahora
4. Para   5. para bromas   6. para colmo
7. por/para   8. para tanto

2   Answers will vary.

3   Answers will vary.

 Lección 4 Answer Key

Lección 5

Contextos

Quiz A

1.   1. hotel 2. puerto 3. aeropuerto 4. aeropuerto
5. puerto

2.   1. d 2. a 3. c 4. b 5. a

3.   1. cinturón 2. lejano 3. vencido 4. albergue
5. recorrer

4.   1. hicimos 2. temporada 3. pasajes 4. dobles
5. buceo

Quiz B

1.   1. la habitación individual 2. el seguro 3. las
olas 4. la isla 5. el/la agente de aduanas
6. el servicio de habitación 7. el buceo
8. el congestionamiento

2.   Answers will vary.

3.   Answers will vary.

Estructura

5.1 Comparatives and superlatives

Quiz A

1.   1. trabajadora 2. muchísimos 3. peor
4. maletas

2.   1. b 2. c 3. a 4. b 5. c

3.   1. frigidísima 2. tanto 3. menor 4. del
5. más 6. tantos

4.   1. la 2. tantas 3. que 4. riquísimo 5. tan

Quiz B

1.   1. tan 2. más 3. tantas 4. la 5. que 6. riquísimo
7. de 8. tanto

2.   Answers will vary.

3.   Answers will vary.

4.   Answers will vary.

5.2 The subjunctive in adjective clauses

Quiz A

1.   1. c 2. d 3. b 4. f 5. e

2.   1. explica 2. pague 3. viven
4. sepa 5. conozcan

3.   1. pueda 2. sean 3. dé 4. son 5. tengan
6. cueste

4.   1. Mis padres conocen a alguien que viaja cada
semana. 2. Nosotros no encontramos a ningún
médico que nos haga caso. 3. ¿Conoces tú
algún restaurante que sirva comida las
24 horas? 4. Yo tengo unos amigos que
suelen trasnochar.

Quiz B

1.   1. pueda 2. sean 3. dé 4. son/compramos
5. tengan 6. cueste

2.   Answers will vary.

3.   Answers will vary.

5.3 Negative and positive expressions

Quiz A

1.   1. c 2. d 3. d 4. a

2.   1. Nunca me escribe nadie de ningún
lugar./Jamás me escribe nadie de ningún
lugar./No me escribe nadie nunca de ningún
lugar. 2. Deseo alojarme en ese albergue o en
aquel campamento./Deseo alojarme o en ese
albergue o en aquel campamento. 3. No hay
ningún pasaje barato ahora. 4. También veo
algo interesante en la televisión.

3.   1. algunos 2. jamás 3. siempre 4. ninguna
5. también 6. ni siquiera 7. no 8. cualquier

4.   1. tampoco 2. ni; ni 3. algo; alguien 4. Nadie

Quiz B

1.   1. algunos 2. jamás/nunca 3. Siempre
4. ninguna/ni siquiera 5. también
6. ni siquiera/nunca/jamás 7. no 8. cualquier

2.   Answers will vary.

3.   Answers will vary.

4.   Answers will vary.

Lección 5 Answer Key

Lección 6

Contextos

Quiz A

1 1. I 2. L 3. L 4. I 5. I

2 1. orilla 2. nuevas fuentes 3. desarrollo
4. contribuir 5. medio ambiente

3 1. proteger 2. sequía 3. húmedo
4. cordillera 5. agotarse

4 1. el desierto 2. morder 3. el calentamiento
global 4. el arrecife 5. cazar

Quiz B

1 Some answers may vary. Suggested answers:
1. I; Usas los dientes para morder algo. 2. L
3. L 4. I; Cuando hay tormentas, me gusta
mirar los relámpagos desde la ventana. 5. I; Es
importante proteger la capa de ozono. 6. L
7. I; Un arrecife es una agrupación de corales
en el mar. 8. I; Cazar es la acción de buscar y
matar animales.

2 Answers will vary.

3 Answers will vary.

Estructura

6.1 The future

Quiz A

1 1. e 2. b 3. a 4. c 5. f

2 1. Ustedes serán los primeros en ver el barco
nuevo. 2. No cabremos todos en un solo carro.
3. Me mantendré en contacto con Camilo.
4. ¿Resolverás el problema? 5. Lucía estará a
dieta por dos semanas.

3 1. saldremos 2. recogerá 3. pondrán 4. irán
5. haré 6. observaré

4 1. Tú te divertirás durante las vacaciones.
2. ¿Caerá nieve en las montañas? 3. Usted verá
los animales de la selva. 4. ¿Qué dirán de mí
los vecinos?

Quiz B

1 1. saldremos/iremos 2. recogerá 3. pondrán/
observarán 4. irán 5. haré 6. observaré

2 Answers will vary.

3 Answers will vary.

6.2 The subjunctive in adverbial clauses

Quiz A

1 1. b 2. d 3. f 4. a 5. e

2 1. a 2. b 3. a 4. c 5. c

3 1. A pesar de que 2. con tal de 3. antes de que
4. mientras que

4 1. me queme 2. paguen 3. miro 4. luchemos
5. morder 6. lea

Quiz B

1 1. luchemos 2. morder 3. me queme 4. lea
5. miro 6. paguen

2 Answers will vary.

3 Answers will vary.

6.3 Prepositions: **a, hacia,** and **con**

Quiz A

1 1. c 2. b 3. b 4. c 5. c

2 1. a 2. con 3. Al 4. con 5. conmigo
6. hacia 7. con él

3 1. con; X; con 2. a; A 3. a; hacia/a 4. consigo

Quiz B

1 1. a; hacia/a 2. con; X; con 3. consigo 4. a; A

2 Answers will vary.

3 Answers will vary.

TEST ANSWER KEY
Lección 1

Prueba A
1) 1. Falso. 2. Cierto. 3. Falso. 4. Cierto. 5. Cierto.
6. Falso. 7. Falso. 8. Cierto.

2) 1. flexibles 2. se llevan 3. mujer 4. discuten
5. se siente agobiado 6. está muy orgulloso de 7. cariñosa
8. lo pasan bien 9. enamorados

3) 1. soy 2. Estoy 3. Soy 4. soy 5. es 6. soy 7. estoy
8. eres 9. estás

4) 1. vivo 2. conozco 3. tengo 4. vamos 5. vemos
6. estudia

5) Answers will vary.

6) Answers will vary.

Prueba B
1) 1. Cierto. 2. Falso. 3. Falso. 4. Cierto. 5. Falso.
6. Cierto. 7. Cierto. 8. Cierto.

2) 1. se llevan 2. sensatos 3. discuten 4. odian 5. triste
6. adora 7. graciosa 8. lo pasan 9. educan

3) 1. soy 2. están 3. soy 4. están 5. estoy 6. somos 7. eres
8. estás 9. es

4) 1. Tienes 2. Necesitas 3. Quieres
4. comienzan/comenzamos 5. juntamos 6. llamas

5) Answers will vary.

6) Answers will vary.

Prueba C
1) 1. César viene de Oaxaca. 2. César va a trabajar y estudiar
en Filadelfia. 3. Los profesores se llevan muy bien entre ellos.
4. Llevan más de veinte años de casados. 5. Es orgulloso, pero
permisivo. 6. Sí, hay profesores jóvenes.
7. No lo puede soportar porque es antipático y mentiroso.

2) Answers will vary. Sample answers: 1. Creo que César
se agobia con situaciones nuevas. 2. Creo que César es
tradicional porque quiere tener una familia... 3. Creo que
César es inseguro porque no le gusta... 4. Creo que Ana
es una persona muy graciosa porque quiere ser comediante.
5. Creo que Ana es muy sociable porque a ella le gusta ir
a fiestas... 6. Creo que Ana es inmadura porque ella piensa
que... 7. Creo que Ana es orgullosa porque está enojada con...

3) 1. b. son personas aburridas 2. a. su hijo pequeño está
enfermo 3. d. es flexible y sensato 4. c. es interesante y
presenta personas famosas

4) 1. son 2. forman 3. se llevan bien 4. tienen 5. hablan
6. tocan 7. representa 8. dicen 9. es 10. tienen 11. escuchan
12. van

5) and **6)** Answers will vary.

Prueba D
1) 1. Tito viene de Puerto Rico. 2. Va a Washington D.C.
a estudiar en una universidad. 3. La universidad es muy buena
y hay muchas cosas para hacer. 4. Ellos son estudiantes. 5.
Son buenos estudiantes y siempre ayudan.
6. Marta piensa que Miguel es muy sociable porque tiene
muchos amigos divertidos. 7. Se siente más tranquilo.

2) Answers will vary. Sample answers: 1. Creo que Tito es
inseguro porque se pone incómodo cuando... 2. Creo que Tito
es estudioso porque él quiere sacar buenas notas y...
3. Creo que Tito es inseguro porque se pone nervioso cuando
tiene que hablar... 4. Creo que Tito se agobia con situaciones
nuevas. 5. Creo que Marta es una persona muy graciosa
porque quiere ser actriz. 6. Creo que Marta es tranquila
porque pasa muchas horas... 7. Creo que Marta es
irresponsable con la tarea...

3) 1. a. son muy ricas 2. b. hoy no tiene trabajo 3. d. está lista
a tiempo 4. c. su hija mayor está enferma

4) 1. son 2. forman 3. sienten 4. quieren 5. tratan 6. dicen
7. van 8. cuentan 9. es 10. conversan 11. salen 12. hablan

5) and **6)** Answers will vary.

Prueba E
1) 1. sensible 2. divorciado 3. solo 4. tradicional 5. gracioso

2) 1. Lógico 2. Ilógico 3. Ilógico 4. Ilógico 5. Lógico

3) 1. c 2. b 3. a 4. c 5. a

4) 1. tiene vergüenza de eso 2. es falso y mentiroso 3. lo pasa
bien 4. nos llevamos fatal 5. nos mantenemos en contacto

5) 1. piensa 2. tienes 3. está 4. conozco 5. vengo

6) 1. salgo 2. puedo 3. tienes 4. propongo 5. estoy

7) 1. estás 2. es 3. Es 4. estoy 5. estoy 6. estoy 7. eres 8. soy
9. es 10. Estoy

8) 1. está durmiendo, continúa durmiendo
2. están aprendiendo, van aprendiendo 3. están discutiendo,
andan discutiendo 4. está diciendo, anda diciendo
5. está aplaudiendo, sigue aplaudiendo

Lección 1 Answer Key

Answers to Tests

Lección 2

Prueba A

1) 1. Cierto. 2. Falso. 3. Cierto. 4. Cierto. 5. Falso. 6. Falso.

2) 1. c 2. f 3. e 4. g 5. h 6. d 7. b 8. a

3) Answers will vary. Sample answers: 1. A mí me molesta perder. 2. A ti te aburre hacer cola. 3. A los deportistas les encanta ganar. 4. A mis amigos y a mí nos hace falta divertirnos 5. A Harry Potter le importan sus amigos.

4) 1. queremos ganarlo/lo queremos ganar 2. voy a comprárselos/se los voy a comprar 3. te la doy 4. va a recomendárselas/se las va a recomendar/ va a recomendárnoslas/nos las va a recomendar 5. lo celebran 6. tiene que verla/la tiene que ver

5) Answers will vary.

6) Answers will vary.

Prueba B

1) 1. Cierto. 2. Falso. 3. Cierto. 4. Cierto. 5. Falso. 6. Cierto.

2) 1. c 2. f 3. e 4. g 5. h 6. d 7. b 8. a

3) Answers will vary. Sample answers: 1. A mí me importan mis amigos. 2. A ti te disgusta ver películas tontas. 3. A los cantantes les interesa ir a conciertos. 4. A mi padre y a mí nos hace falta divertirnos. 5. A Gael García Bernal le fascina participar en festivales de cine.

4) 1. queremos perderlo/lo queremos perder 2. se los compran 3. se la voy a dar/voy a dársela 4. va a recomendárselas/se las va a recomendar/va a recomendárnoslas/nos las va a recomendar 5. lo celebramos 6. se los cuento

5) Answers will vary.

6) Answers will vary.

Prueba C

1) 1. Amanda tiene quince años. 2. Le encanta ir al cine y a los conciertos, bailar y hacer deporte. 3. Se levanta a las seis y media. 4. Practica natación y baloncesto. 5. Tiene clase de francés y lecciones de piano. 6. Quiere ir a Francia con un programa de intercambio. 7. Los fines de semana intenta relajarse y descansar escuchando música.

2) 1. animado 2. entradas 3. aficionada 4. parque de atracciones 5. cantante 6. cartas 7. ajedrez 8. taquilla

3) Answers will vary.

4) Answers will vary. Sample answers: A los mexicanos les gusta la comida picante. A los estadounidenses les encantan las hamburguesas. A los deportistas les encanta ser personas famosas. A los profesores les gusta dar mucha tarea. A los adolescentes no les interesa la política.

5) Answers will vary.

6) Answers will vary.

Prueba D

1) 1. Sandra tiene dieciséis años. 2. Le encanta ir al teatro y a los conciertos. 3. Le gusta bailar salsa. 4. Sandra corre y practica vóleibol. 5. Tiene clases de violín y de alemán. 6. Quiere ir a Alemania con un programa de intercambio. 7. Cocina platos exóticos.

2) 1. animado 2. estreno 3. equipo 4. parque de atracciones 5. hacer cola 6. pasatiempo 7. dar un paseo 8. concierto

3) Answers will vary.

4) Answers will vary. Sample answers: A los americanos les encantan las hamburguesas. A los italianos les fascina la pasta. A los ecologistas les preocupa el medio ambiente.

5) Answers will vary.

6) Answers will vary.

Prueba E

1) 1. ajedrez 2. asiento 3. equipo 4. boliche 5. campeonato

2) 1. a 2. a 3. b 4. d 5. c

3) 1. anotar 2. alquilar 3. disfrutar 4. ganar 5. brindar

4) 1. d 2. a 3. c 4. a 5. c

5) 1. la, limpiarla 2. los, atenderlos 3. la, subirla 4. los, saludarlos 5. las, venderlas

6) 1. c 2. b 3. a 4. c 5. a

7) 1. duelen 2. aburren 3. fascinan 4. molesta 5. faltan

8) 1. a 2. a 3. b 4. a 5. b 6. b 7. b 8. a 9. b 10. b

Lección 3

Prueba A

1) 1. b 2. a 3. b 4. c

2) 1. hacer 2. pasar 3. quitar 4. hervir 5. probarse
6. acostumbrarse 7. tocar

3) 1. llegaste 2. pude 3. tuve 4. se cayó 5. se hizo
6. pensamos 7. fue

4) 1. iba 2. caí 3. despertaba 4. jugaba 5. gané 6. gustaban
7. escondí 8. fuimos 9. iban

5) Answers will vary. 1. (imperfecto) 2. (imperfecto)
3. (pretérito) 4. (pretérito) 5. (pretérito) 6. (imperfecto)

6) Answers will vary.

Prueba B

1) 1. c 2. b 3. b 4. b

2) 1. f 2. e 3. a 4. g 5. c 6. b 7. d

3) 1. llegamos 2. pudimos 3. hubo 4. pidió 5. se cayó
6. tuvieron 7. hiciste

4) 1. trabajé 2. salía 3. hacía 4. fui
5. jugaba 6. gustaba 7. Preferían 8. salimos 9. sentía

5) Answers will vary. 1. (imperfecto) 2. (pretérito)
3. (imperfecto/pretérito) 4. (imperfecto) 5. (imperfecto)
6. (pretérito)

6) Answers will vary.

Prueba C

1) 1. Porque por fin encontró un nuevo apartamento. 2. Pasó
el primer día limpiando. 3. Lo primero que hizo fue tirar la
basura. 4. Porque todavía no tiene aspiradora. 5. El hombre
que vivía antes en el apartamento. 6. Vino a limpiar porque no
sabía que Ana María estaba allí.

2) Answers will vary. Sample answers: A Cristina no le gusta
barrer./Elsa pasa la aspiradora a menudo.

3) a. hizo (3) b. Salió (8) c. fue (2) d. pasó (6) e. llegó (5) f.
llevó (4) g. preparó (7) h. se levantó (1)

4) 1. hacía 2. pidió 3. estaba 4. vivía 5. había 6. preparó 7.
salió 8. se encontró 9. quería/quiso 10. era 11. sabía 12. se
sentía 13. invitó 14. supo 15. pidió 16. aceptó 17. son 18.
visita

5) Answers will vary.

6) Answers will vary.

Prueba D

1) 1. Porque de repente todo es nuevo en su vida.
2. Cambiaron su trabajo, su casa y su ciudad. 3. Había una
señora regateando el precio de los productos. 4. Porque no
está acostumbrada a regatear. 5. Fue al centro comercial a
comprar ropa. 6. Pagó en efectivo porque no pudo usar la
tarjeta de crédito.

2) Answers will vary. Sample answers: A Miguel le gusta ir de
compras./Mari hace la limpieza una vez al mes.

3) a. preparó (4) b. salió (8) c. fue (3) d. compró (7) e. llegó
(6) f. llevó (5) g. se arregló (2) h. se levantó (1)

4) 1. llovía 2. pidió 3. estaba 4. podía 5. preparó 6. caminó
7. cantaba 8. caminaba 9. conoció 10. habló 11. era
12. pensó 13. estaba 14. invitó 15. supo 16. vivía 17. adoptó
18. son

5) Answers will vary.

6) Answers will vary.

Prueba E

1) 1. f 2. g 3. c 4. h 5. b 6. a 7. d 8. e

2) 1. costumbre 2. escalera 3. ganga 4. hervir
5. por casualidad 6. timbre 7. mandados

3) 1. a 2. c 3. a 4. c 5. b

4) 1. oyeron 2. durmió 3. hice 4. estuve 5. condujo 6. pusiste
7. tuvo 8. fue 9. tocaste 10. fuimos

5) 1. tenía 2. hacía 3. éramos 4. pedía 5. daba

6) 1. a 2. b 3. a 4. a 5. b 6. b 7. b 8. a 9. a 10. b 11. a 12. b
13. b 14. a 15. b

Lección 4

Prueba A
1) Parte A 1. Cierto. 2. Falso. 3. Falso.
Parte B 1. Falso. 2. Cierto. 3. Cierto.

2) 1. recuperarse 2. resfriado 3. calmantes 4. descansar
5. consultorio 6. aspecto 7. ánimo 8. mareado

3) 1. a 2. c 3. a 4. b 5. b. 6. a 7. c

4) Answers will vary. Sample answers: 1. beba mucho líquido
2. sean buenas 3. comamos mejor 4. te sientas mejor 5. tenga
problemas de peso 6. te quedes en la cama 7. trabajen en
exceso 8. lleven una vida sana

5) Answers will vary.

6) Answers will vary.

Prueba B
1) Parte A: 1. Cierto. 2. Falso. 3. Cierto.
Parte B 1. Cierto. 2. Falso. 3. Falso.

2) 1. adelgazar 2. mejorar 3. lastimarse 4. Comer bien
5. fiebre 6. empeorar 7. tratamientos 8. herida

3) 1. c 2. b 3. b 4. a 5. b 6. a 7. c

4) Answers will vary. Sample answers: 1. haga más ejercicio
2. comas más verduras 3. sean eficaces 4. estén sanos 5. te
quedes en la cama 6. llegue tarde 7. dé pastillas 8. coma
mejor

5) Answers will vary.

6) Answers will vary.

Prueba C
1) Answers may vary. 1. Sigue una dieta mediterránea.
2. Come frutas, verduras, pescado y aceite de oliva. 3. Evita la
sal porque sube la tensión. 4. No toma medicamentos, sólo
jugos e infusiones, y descansa mucho. 5. Aconseja prevenir
las enfermedades con una alimentación equilibrada y un buen
descanso. 6. Vive en una ciudad pequeña porque la vida allí
no es tan agitada como en las grandes ciudades. 7. El yoga
busca el equilibrio del cuerpo y la mente.

2) 1. no tiene buen aspecto 2. tos 3. médico 4. pastillas
5. vacuna 6. resfriado

3) Answers will vary. Sample answers: Sal con tus
amigos./Relájate en el sofá./Descansa un poco.

4) Answers will vary.

5) Answers will vary.

6) Answers will vary.

Prueba D
1) 1. Come muchas verduras, pescado o pollo. 2. No come
dulces porque engordan. 3. Le gusta beber jugos de frutas.
4. Cuando está enferma trata de descansar y comer bien.
5. Porque luego se siente agotada. 6. Estar sano es una
cuestión del estado de ánimo. 7. El taichi busca el equilibrio
del cuerpo y la mente.

2) 1. tiene mal aspecto 2. gripe 3. consultorio 4. descansar
5. recuperarse 6. Medicinas

3) Answers will vary. Possible answers: Ve al
médico./Quédate en la cama./Descansa un poco.

4) Answers will vary.

5) Answers will vary.

6) Answers will vary.

Prueba E
1) 1. b 2. c 3. d 4. a 5. a 6. d 7. c

2) 1. e 2. h 3. a 4. d 5. b 6. g 7. f 8. c

3) 1. b 2. b 3. a 4. c 5. b

4) 1. entienda 2. sepa 3. oiga 4. vaya 5. sienta

5) 1. b 2. a 3. a 4. b 5. c

6) 1. se quede 2. Haga 3. levántese 4. beba 5. olvide

7) 1. No te laves 2. Toma 3. No beban 4. No dejes 5. vacune

8) 1. para 2. para 3. Por 4. Por 5. por 6. para 7. por 8. para
9. Por 10. para

Answers to Tests

Lección 5

Prueba A

1) 1. Sí 2. No – Fabiola 3. Sí 4. No – Éric 5. Sí 6. No – Fabiola 7. Sí 8. No – Éric

2) 1. g 2. h 3. b 4. e 5. f 6. a 7. d 8. c

3) 1. no sé nada 2. no conozco ningún lugar 3. no le dije a nadie adónde íbamos 4. nunca voy solo/no voy solo nunca 5. no quiero viajar ni en tren ni en autobús 6. yo tampoco voy/no voy tampoco

4) Answers will vary. Sample answers: 1. conozca bien el país 2. llega de Bogotá 3. no sea caro 4. me relajen 5. tiene una cultura muy antigua 6. tengan dos camas

5) Answers will vary. Sample answers: 1. Mi pasaje es más barato que tu pasaje. 2. Este crucero es lujosísimo. 3. Este restaurante es menos elegante que aquel otro. 4. Mi vuelo llegó tan retrasado como el tuyo. 5. Es el hotel más cómodo de la ciudad. 6. Es el guía turístico más amable que conozco.

6) Answers will vary.

Prueba B

1) 1. No – Diana 2. No – Johnny 3. Sí 4. Sí 5. No – Diana 6. Sí 7. No – Diana 8. Sí

2) 1. c 2. a 3. d 4. e 5. h 6. g 7. b 8. f

3) 1. Yo nunca viajo en avión. 2. Yo no compré nada durante mis vacaciones. 3. Tú también usas el cinturón de seguridad. 4. Ellos no conocen ninguna isla del Caribe. 5. Le dije el precio del hotel a alguien. 6. Me gusta viajar en noviembre o en diciembre. /Me gusta viajar en noviembre y en diciembre.

4) Answers will vary. Sample answers: 1. sea buena 2. llega de Santiago 3. les fascine 4. tenga habitaciones dobles 5. tiene una larga historia 6. tenga mapas

5) Answers will vary. Sample answers: 1. La excursión a las ruinas es más costosa que la excursión a la playa. 2. Ese edificio es viejísimo. 3. El museo de España es más grande que el museo en París. 4. Esa playa es la más bonita que he visto. 5. El tren es más rápido que el autobús. 6. Esta comida está tan deliciosa como la de ayer.

6) Answers will vary.

Prueba C

1) 1. Su padre quería visitar la selva de Guatemala. 2. Su madre quería ir a un crucero. 3. A Adriana le gustan los sitios con playa para nadar y bucear. 4. Al final fueron solas Adriana y su madre. 5. No lo pasaron bien porque echaban de menos a su padre. 6. El último día se perdieron en una isla y no volvieron a tiempo a bordo. 7. Ellas volvieron a casa en avión.

2), 3), 4) Answers will vary.

5) Answers will vary. Sample answers: 1. Sí, tengo algo de hambre. 2. No, no conozco a nadie en Antigua. 3. Nunca desayuno en la terraza/No me gusta nunca. 4. No quiero ir ni a Monterrico ni a Las Lisas. 5. Tampoco quiero ir al volcán Tajumulco. 6. No, no hay ninguna excursión que me interese. 7. No, no quiero comprar nada de recuerdo/ningún recuerdo. 8. Nunca viajo con mucho equipaje.

6) Answers will vary.

Prueba D

1) 1. Su padre quería hacer una ruta del café por Nicaragua. 2. Su madre quería hacer una ruta monumental por España. 3. A Julio le gustan los sitios turísticos para ir a la discoteca y salir por las noches. 4. Al final fueron solos Julio y su padre. 5. No lo pasaron bien porque extrañaban a su madre. 6. Perdieron el avión de vuelta y tuvieron que comprar otro billete. 7. Volvieron a casa en avión.

2), 3), 4) Answers will vary.

5) Answers will vary. Sample answers: 1. No, no tengo nada de hambre. 2. No, no conozco a nadie en Sarapiquí. 3. Nunca desayuno en la cama. 4. No quiero ir ni a Puerto Limón ni a Isla del Coco. 5. Tampoco quiero ir a San José. 6. No, no hay ninguna ruta histórica que me interese. 7. No, no quiero comprar nada para mi madre. 8. Nunca viajo con muchas maletas.

6) Answers will vary.

Prueba E

1) 1. a 2. c 3. c 4. d 5. b

2) 1. a 2. c 3. b 4. a 5. b

3) 1. hacer un viaje 2. recorrer 3. reservar 4. alojarnos, quedarnos 5. quedarnos, alojarnos

4) 1. ilógico 2. lógico 3. ilógico 4. lógico 5. ilógico

5) 1. mejores 2. tan 3. menor 4. peor 5. llenísima

6) 1. la más pesada 2. más cara 3. tan antiguo 4. el más elegante 5. el peor

7) 1. nadie 2. ninguno 3. nada 4. jamás 5. tampoco

8) 1. ni siquiera 2. ninguna 3. ningún 4. nada 5. nadie

9) 1. tiene 2. quiera 3. trabaja 4. son 5. tenga

10) 1. esté 2. vaya 3. sea 4. va 5. está

Lección 5 Answer Key

Lección 6

Prueba A

1) a. 5 b. 2 c. 1 d. 3 e. 4

2) 1. húmedo 2. seco 3. paisaje 4. combustible 5. resolver 6. amenazar

3) 1. empecemos 2. se agoten 3. siga 4. salieron 5. compren 6. pueda 7. sean 8. vaya

4) 1. contigo 2. a 3. hacia 4. conmigo 5. Con 6. a 7. al 8. X

5) Answers will vary.

6) Answers will vary.

Prueba B

1) a. 2 b. 3 c. 5 d. 4 e. 1

2) 1. cordillera 2. pájaro 3. proteger 4. renovable 5. desarrollo 6. montaña

3) 1. pida 2. visitamos 3. aprendan 4. prometas 5. empezó 6. uses 7. parezca/parece 8. llegue

4) 1. a 2. al 3. hacia/a 4. A 5. con 6. X 7. al 8. conmigo

5) Answers will vary.

6) Answers will vary.

Prueba C

1) 1. Porque quiere promocionar su libro/manual de conservación/el libro que acaba de terminar. 2. Escribió un manual para enseñar a los jóvenes a proteger la naturaleza. 3. El formato es una lista de predicciones sobre las consecuencias de continuar destruyendo la naturaleza. 4. Cree que el futuro del planeta es algo muy serio. 5. La lección es que debemos usar menos productos desechables y reciclar más.

2) Answers will vary.

3) 1. cambiemos 2. se agote 3. tengo 4. reciclemos 5. se extingan 6. ahorremos

4) Answers will vary.

5) Answers will vary.

6) Answers will vary.

Prueba D

1) 1. Es un libro de cuentos para niños sobre la conservación de la naturaleza. 2. Dice que el futuro del mundo animal está en peligro y es algo muy serio. 3. La historia empieza cuando un león llama a los animales de la selva para contarles cuentos sobre el futuro. 4. Habla sobre los incendios en los bosques y sus consecuencias. 5. Los pájaros tendrán que irse a vivir a lugares muy diferentes y se van a extinguir.

2) Answers will vary.

3) 1. ahorremos 2. se agoten 3. tengo 4. protejamos 5. se extingan 6. reciclemos

4) Answers will vary.

5) Answers will vary.

6) Answers will vary.

Prueba E

1) 1. inundación 2. peligro de extinción 3. capa de ozono 4. incendio 5. deforestación

2) 1. desechable 2. contaminan 3. reciclar 4. Contribuye 5. aire libre 6. protegen 7. recursos naturales

3) 1. b 2. a 3. a 4. b 5. a 6. c 7. c 8. b

4) 1. desayunaremos 2. valdrá 3. saldrá 4. pasearemos 5. visitaremos 6. reciclaremos 7. volveremos 8. comprará 9. hará 10. veremos

5) 1. dices 2. estemos 3. extingan 4. estoy 5. acaba 6. acabe 7. diga 8. proteja 9. extinguen 10. protegemos

6) 1. a 2. a 3. a 4. b 5. c 6. c 7. c 8. b 9. a 10. b

EXAM ANSWER KEY
Lecciones 1–3

EXAMEN

1) 1. Cierto. 2. Falso. 3. Cierto. 4. Falso. 5. Cierto. 6. Cierto.

2) 1. pareja 2. segura 3. autoritaria 4. tímido/inseguro
5. inseguro/tímido 6. mentiroso

3) 1. lava 2. quita el polvo 3. se divierte 4. se reúne 5. alquila una
película 6. salgo 7. voy 8. consigo

4) Answers will vary. Sample answers: 1. A mí no me aburren los
fines de semana. 2. A tus amigos y a ti les encanta hacer deportes.
3. A mi familia le aburre el centro comercial. 4. A mi mejor amigo le
encanta coquetear. 5. A nosotros nos hace falta enamorarnos. 6. A la
actriz Salma Hayek no le molesta expresar los sentimientos.

5) 1. Mis padres me lo regalaron. 2. Se la preparas. 3. Nos dijo que no
los hizo. 4. Pablo quiere regalárselos./Pablo se los quiere regalar. 5.
Nos las van a comprar./Van a comprárnoslas. 6. Lo debo llevar al
concierto en el parque./Debo llevarlo al concierto en el parque. 7.
Javier se la dio. 8. Tú se las dices.

6) 1. tuvimos 2. vino 3. contó 4. tenía 5. decidió 6. era 7. pudo

7) 1. estás 2. Es 3. está 4. es 5. está 6. está 7. eres 8. son

8) Answers will vary.

9) Answers will vary.

10) Answers will vary.

11) Answers will vary.

12) Answers will vary.

Answers to Exams

Lecciones 4–6

EXAMEN

1) 1. Falso. 2. Cierto. 3. Cierto. 4. Falso. 5. Falso. 6. Cierto. 7. Falso. 8. Cierto. 9. Falso. 10. Cierto. 11. Falso. 12. Falso.

2) 1. k 2. l 3. i 4. h 5. b 6. g 7. a 8. e 9. c 10. d

3) 1. volveré 2. visitará 3. iremos 4. tomaremos 5. saldremos 6. vendrá 7. diré 8. pondrá

4) Answers will vary. Suggested answers: 1. Javier corre tan rápido como Alberto. 2. Yo soy mayor que mi hermano. / Yo tengo más años que mi hermano. 3. Sonia tiene menos dolores que su hermana. / Sonia está menos enferma que su hermana. 4. Mi gimnasio es tan caro como tu gimnasio. 5. Alejandro juega al fútbol peor que Rodolfo. / Rodolfo juega al fútbol mejor que Alejandro.

5) 1. para 2. Por 3. para 4. por, por 5. por 6. por 7. para, por 8. para

6) 1. No te preocupes por cosas triviales. 2. Levántate temprano. 3. Ten cuidado con la comida grasienta. 4. Dejen de trasnochar. 5. Hagan favores a sus amigos. 6. No salgan hasta muy tarde.

7) 1. alguna 2. ninguna 3. algo 4. Siempre 5. nadie 6. también 7. nunca

8) Answers will vary.

9) Answers will vary.

10) Answers will vary.

11) Answers will vary.

12) Answers will vary.

Lecciones 1–6

EXAMEN

1) Answers may vary. Suggested answers.
1. Están planeando las vacaciones de verano. Tienen que contarles sus planes a sus padres. 2. La idea es ir a acampar a las montañas. Pueden dar paseos por el bosque, explorar y pescar. 3. No necesitan ni pasajes de avión ni reservaciones de hotel. 4. Se siente ansioso y preocupado por los estudios. 5. La idea es ir a una reserva natural. Pueden bucear y aprender sobre los animales marinos en peligro de extinción. 6. Porque le parece una idea muy sensata. También le gusta porque pueden ir en tren ya que ella odia los aviones.

2) 1. dar de comer 2. orilla 3. tormenta 4. contaminación 5. aire libre 6. se extinguen 7. renovable

3) 1. se llama 2. se despiertan 3. se quedan 4. se aburren 5. se sorprende 6. se quejan 7. me alegro

4) Answers will vary.

5) 1. Sí, quiero comprárselo/se lo quiero comprar. 2. Sí, puedo pedírselos/se los puedo pedir. 3. No, no se las mandamos. 4. Sí, la conozco. 5. Sí, ahora mismo le pregunto.

6) 1. c 2. d 3. b 4. f 5. h 6. g 7. a 8. e

7) Answers may vary.

8) 1. b 2. a 3. b 4. a 5. c

9) 1. llegué 2. hice 3. fue 4. me divertí 5. estaba 6. paraba 7. nos quedábamos 8. Conocí 9. hablamos 10. Fuimos

10) Answers will vary. Sample answers: 1. Silvia es joven, delgada y tiene todo el pelo despeinado. (Creo que) ella está cansada. Ella se está despertando. 2. Héctor es viejo y tiene muchas arrugas en la cara y sus ojos parecen cansados. Él está disgustado. Él está fumando y jugando a las cartas. 3. Pedro y Mario son adolescentes y los dos parecen atléticos. Pedro está un poco impaciente y está mirando el reloj. Mario está muy tranquilo y está mirando televisión.

11) 1. estén 2. está 3. comience 4. haga 5. tome 6. podamos 7. pierda 8. tenga 9. es 10. lleguemos 11. combine 12. Salgan

12) Answers will vary. Sample answers: 1. Lave los platos. 2. Barre la cocina con la escoba. 3. Quita el polvo de los muebles. 4. Pase la aspiradora a los cuartos y al salón.

13) Answers will vary.

14) Answers will vary.

Answers to Exams

Lección 1
PRUEBA DE COMPRENSIÓN DE LECTURA
Conocer gente nueva

1) Answers may vary slightly. Suggested answers: 1. Falso. Es difícil hacer amigos y también es difícil encontrar pareja. 2. Cierto. 3. Falso. Ahora hay menos gente que conoce a personas desconocidas en cafeterías y reuniones de amigos. 4. Falso. A nadie le gusta hablar con desconocidos en el autobús o en el metro. Todos leen o escuchan música. 5. Cierto. 6. Falso. Las citas a ciegas vienen después de conocerse por Internet.

2) Answers will vary.

Lección 2
PRUEBA DE COMPRENSIÓN DE LECTURA
Una oportunidad de oro

1) Answers will vary slightly. Suggested answers: 1. Alberto es el padre de Javier. Es músico y es el propietario de una de las salas de conciertos más importantes de Bogotá. 2. Javier y sus amigos están encantados porque pueden ir a todos los conciertos gratis y no tienen que comprar entradas. 3. A Javier le gusta tocar la guitarra acústica. 4. Matt Gallon es un guitarrista de Nashville muy famoso. El concierto de Matt Gallon y su grupo es el jueves. 5. Javier y sus amigos están preparando un pequeño concierto y quieren tocar para ellos. 6. Matt Gallon invita a Javier y a sus amigos a Nashville el próximo verano

2) Answers will vary.

Lección 3
PRUEBA DE COMPRENSIÓN DE LECTURA
Un chico con suerte

1) Answers will vary slightly. Suggested answers: 1. Alberto tenía que limpiar la casa e ir al supermercado. 2. Alberto fue a la cocina y encendió la luz. 3. Después de leer las noticias se puso a limpiar la casa, pasó la aspiradora y quitó el polvo. 4. Enrique y Ana invitaron a Alberto al partido de los Yankees. 5. Alberto no podía creer que no tenía que pagar para ver a los Yankees. 6. Alberto era un chico con suerte porque estas cosas le pasaban frecuentemente.

2) Answers will vary.

Answers to Additional Readings

Lección 4
PRUEBA DE COMPRENSIÓN DE LECTURA
El yoga

1) Answers may vary slightly. 1. El yoga es una de las formas de ejercicio más completas y beneficiosas que existen./El yoga es una forma de hacer ejercicio pero también una filosofía de vida. 2. Algunos de los beneficios son un mayor bienestar, menos estrés, mayor flexibilidad y más energía.
3. Uno de los fundamentos es la respiración. 4. Es necesario ser consciente de la respiración en todo momento. 5. Porque al sincronizar la respiración con los movimientos nuestra mente se vacía de pensamientos. 6. Nos ayuda a mantener la calma en momentos de ansiedad y mejora la calidad del sueño.

2) Answers will vary.

Lección 5
PRUEBA DE COMPRENSIÓN DE LECTURA
Un viaje a Barcelona

1) Answers may vary slightly. 1. Porque tenía que reunirse con clientes allí. 2. Porque ella ya conocía España y quería ser su guía. 3. Visitó a sus tíos. 4. Regresó a Barcelona el viernes. 5. Desayunaron chocolate con churros y pasearon por la Rambla. 6. Escribieron y mandaron tarjetas postales a su familia.

2) Answers will vary.

Lección 6
PRUEBA DE COMPRENSIÓN DE LECTURA
Mejorar el mundo

1) Answers may vary slightly. Suggested answers:
1. Algunos problemas son la contaminación del aire y del agua, el calentamiento global, la escasez de recursos naturales y la desaparición de los bosques. 2. Los jóvenes universitarios son el futuro de la sociedad. 3. Porque existe un programa de reciclaje en la universidad, pero no todos los estudiantes reciclan. 4. Juancho observa que mucha gente malgasta agua. 5. Porque la gente no tiene tiempo para apreciar la naturaleza. 6. Tere propone que la gente observe y aprecie la naturaleza cinco minutos cada día.

2) Answers will vary.

Answers to Additional Readings

Every effort has been made to trace the copyright holders of the works published herein. If proper copyright acknowledgment has not been made, please contact the publisher and we will correct the information in future printings.

Photography and Art Credits

All images © Vista Higher Learning unless otherwise noted.